U0927590

图书在版编目(CIP)数据

大棋局 / 朱东方主编. -- 北京 : 中华工商联合出版社，2020.9

ISBN 978-7-5158-2865-7

Ⅰ.①大… Ⅱ.①朱… Ⅲ.①中国经济－经济发展－文集 Ⅳ.①F124-53

中国版本图书馆CIP数据核字（2020）第184074号

大棋局

主　　编：朱东方
出 品 人：李　梁
图书策划：李红霞
责任编辑：孟　丹
装帧设计：周　琼
责任审读：李　征　郭敬梅
责任印制：迈致红
出版发行：中华工商联合出版社有限责任公司
印　　刷：北京文昌阁彩色印刷有限责任公司
版　　次：2020年9月第1版
印　　次：2020年9月第1次印刷
开　　本：710mm×1000mm　1/16
字　　数：230千字
彩　　插：0.5印张
印　　张：14.25
书　　号：ISBN 978－7－5158－2865－7
定　　价：188.00元

务热线：010－58301130－0（前台）
售热线：010－58302977（网店部）
010－58302166（门店部）
010－58302837（馆配部、新媒体部）
010－58302813（团购部）
邮编：北京市西城区西环广场A座
19－20层，100044
www.chgslcbs.cn
热线：010－58302907（总编室）
箱：1621239583@qq.com

大棋局

主编◎朱东方

国家发展和改革委员会中国经贸导刊

中华工商联合出版社

大棋局 | 目 录

CONTENTS

众工皆兴，事举功成

代 序

乃疆乃理入棋局

——改革规划体制，更好发挥战略导向作用

访全国政协常委、经济委员会副主任　杨伟民

问：您已从事政策研究、起草政策文件工作三十多年，想请您谈一谈，规划在社会主义市场经济中的作用主要有哪些？

答：中国实行社会主义市场经济，基本含义是使市场在资源配置中起决定性作用，更好发挥政府作用。如何更好发挥政府作用，党的十八届三中全会明确指出，“政府要加强发展战略、规划、政策、标准等制定和实施”，并指出，中央政府要“健全以国家发展战略和规划为导向、以财政政策和货币政策为主要手段的宏观调控体系”。党的十九大提出“发挥国家发展规划的战略导向作用”。因此，在中国编制实施规划，是发挥政府作用的重要内容。

规划是为达到某种目标，对规划对象，如经济发展、空间发展未来状况的设想、谋划、部署或具体安排。实行市场经济不是不要规划了，

不是否定规划的作用，但规划的目标、内容必须符合市场经济的原则。在不同的经济体制下，规划有不同的功能；不同的规划，有不同的功能。现阶段，中国政府编制的发展规划和空间规划，主要有四种功能：

第一，是社会共同的行动纲领。规划在编制过程中，广泛听取了社会各界意见，在一定范围、一定程度上凝聚了社会共识，规划就是将这种社会共识凝聚成国家意志的表达形式。只有思想上大家一致认为应该这样做，行动上才会自觉地这样做，一定意义上，这种规划也是协商的结果，是协商民主的一种形式。一个国家特别是赶超型的发展中国家，必须认准一个方向、一个目标，最大限度地凝聚全社会共识，一步一个脚印地向前迈进。根据发展阶段，制定发展规划，一届接着一届办、一代接着一代干，是中国经济发展取得成功的一条重要经验。

第二，是引导资源配置的工具。市场经济的一般规律是市场决定资源配置，政府不是资源配置的主体，但政府可以通过规划引导资源向国家战略指明的方向配置。在基础设施短缺时，通过编制五年规划或基础设施专项规划，引导资源向基础设施领域配置；在城市化发展的时代，可以通过编制城市化规划，引导资源向城市集中；在创新驱动发展时代，可以通过编制规划，引导创新资源向科技革命和产业变革的领域集聚等。

第三，是政府履行职责的依据。市场经济下政府履行职责，首先应该依法。但有些职责的履行，仅依法还不够，还要依据规划。任何一部法律都不可能细化到政府应该如何做些什么。相对于法律，规划的灵活性在于，可以根据不同发展阶段、经济周期、财力状况，使政府制定的财政政策、货币政策、产业政策、区域政策等既符合短期经济运行的特点，又符合长期规划的目标任务。当然这种目标和任务不仅包括经济增长速度，也包括如防控金融风险、保护环境、城乡区域协调、公共服务均等化等。这样，政府就能依据规划，公开透明地履行职责。在这个意义上，规划是政府定的，但也是“管”政府的。

第四，是约束市场行为的“第二准则”。在市场经济条件下，企业生产经营、开发建设首先要依法。但任何一部法律都不能清晰划定企业在哪些空间可以开发建设、哪些空间不可以开发建设。法律只能定性，可以规定自然保护地、基本农田不能开发建设，但自然保护地、基本农田以及其他禁止开发的区域，只有落在具体的空间，划清四至范围，这时，法律规定才能落实，判决才有依据。通过编制空间规划，划定生产、生活、生态空间，划清各类空间界限，可以告诉市场主体，哪些空间可以干什么、不可以干什么。这样，才能避免空间发展中的无序。所以，在这个意义上，空间规划是对法的有益补充，是公民、法人必须遵循的行为准则。

问：目前已经实施到第十三个五年规划了，中期评估工作也已完成。“十三五”是全面建成小康社会的决胜期，是实现“两个一百年”奋斗目标的历史交汇期，那么就中期评估情况来看，您认为“十三五”规划总体执行情况会是什么样子的？中国规划体制改革在此中取得了怎样的成效？

答：中国从1953年开始编制中长期计划，即“一五”计划，目前已经编制实施了12个五年计划或规划，正在实施第13个五年规划。从“十一五”开始，计划改成了规划。改革开放后，特别是确立社会主义市场经济改革目标后，中国规划的内容已经发生根本性变化。美国有的官员说：“中国正在实施‘十三五’规划，这一规划本身就是计划经济的标志”。这一指责毫无依据，我怀疑美国起草这个文件的人是不是看过“十三五”规划，即使看了是不是看懂了。记得当年在进行“十一五”中期评估时，吴敬琏、林重根等请了美国几位诺贝尔经济学奖获得者参与，我代表国家发改委向他们介绍“十一五”规划，他们认为我国的“十一五”规划定得很好，只是在实施中还要改进。这是因为，中国的发展规划，特别是每五年形成的规划建议和纲要，已经和社会主义市场经济融为一体了，已经是市场经济的规划，而不是计划经济的计划了。因为规划已经实现了“六个转变”：

第一，向清晰界定政府和市场作用的规划转变。现在的五年规划纲要，已经明确了哪些是引导市场主体行为的，靠市场配置资源实现的，哪些是政府依据其职责必须完成的。生产什么、生产多少，完全是企业的事，规划中的产业发展内容，是根据发展阶段和趋势，给市场主体指明一个方向，至于企业是否按照规划确定的方向发展，完全是企业自己的事，政府的任务是创造相应的制度环境和政策环境，希望向这样的方向发展。同时，公共服务、保护环境等政府应该履责的规划内容，是政府向人民的庄严承诺，必须确保完成。

第二，向科学区分目标性质的规划转变。从“十一五”规划开始，中国五年规划的指标已经改为预期性和约束性两类。预期性指标是国家期望的发展目标，主要依靠市场主体的自主行为实现。约束性指标是政府履行职责的，是中央政府在涉及公共利益领域对地方政府和中央政府有关部门提出的要求。预期性指标主要集中在经济发展领域，约束性指标主要集中在公共服务和资源环境领域。任何国家的政府都要履行公共服务和环境保护的职责。当年“十一五”规划确定能耗降低20%，主要污染物减少10%的约束性指标，很多方面不理解，实现起来也很不容易，但若没有当年的不容易，就不会有今天全社会的环境意识，也不会有今天环境质量的改善。

第三，向融入全球经济体系的规划转变。现在的规划是在中国对外开放大门越开越大环境下编制的，是内外需协调、进出口平衡、“引进来”和“走出去”并重、引资和引技引智并举，积极参与全球经济治理和公共产品供给的规划，规划内容是向所有经济体开放的，是欢迎各国企业来参与的。在“十三五”规划中，既规划了中国自身扩大对外开放的战略、任务和政策，也规划了积极承担国际责任和义务、参与应对全球气候变化、落实自身减排承诺、扩大对外援助、主动参与2030年可持续发展议程等内容。

第四，向更加重视人的发展和可持续发展的规划转变。现在的规划，已不再是单纯的经济发展规划，而是经济发展、人的发展、可持续发展“三结合”的规划，而且人的发展和可持续发展的分量越来越重。从指标来看，“十一五”规划纲要主要指标有22个，其中经济发展的有5个，人的发展的有10个，可持续发展的有7个；“十二五”规划纲要主要指标有24个，经济发展的有4个，人的发展的有12个，可持续发展的有8个；“十三五”规划纲要，有25个指标，经济发展的有6个，人的发展的有8个，可持续发展的有10个。从任务来看，从“十一五”规划纲要到“十三五”规划纲要，涉及人的发展和可持续发展的内容越来越多。

第五，向深化改革和制度建设的规划转变。从“七五”计划开始，就专门设置了经济体制改革的目标和任务的一章，此后，从“八五”计划至“十三五”规划，都专门规划了经济体制改革问题。所以，现在的规划，既是发展的规划，也是改革的规划。

第六，向编制方法和程序规范化、制度化的规划转变。早在1999年，国务院办公厅就转发了国家计委《关于“十五”规划编制方法和程序的若干意见》，明确了“十五”计划的构成，界定了各类规划的性质作用，并对规划编制方法和程序做出规范。2005年，国务院发布了《关于加强国民经济和社会发展规划编制工作的若干意见》（国发〔2005〕33号），将国民经济和社会发展规划分为总体规划、专项规划和区域规划三类，进一步对编制程序和方法做了规定。虽然现在规划法尚未出台，但五年规划纲要的编制方法和程序，已经基本形成了不成文的制度。

当然，中国规划的转变不只是这些。

问：作为“九五”“十五”“十一五”规划的亲历者，“十二五”“十三五”规划的专家，现在又担任清华大学中国发展规划研究院的院长，您觉得今后中国规划体制改革的主要任务是什么？

答：尽管中国的规划已经发生了根本性转变，但仍有不少方面还不能很好适应建立完善的社会主义市场经济体制的要求。我们改革的目标是改掉传统的计划经济体制，规划体制是计划经济体制的一个重要组成部分，但规划体制改革一直没有纳入改革日程。我们在2001年提出规划体制改革的设想，经当时的发展计划委员会主要领导批准，由规划司组织开始了规划体制改革研究，确定了6个市县进行试点，现在的“多规合一”，实际上是十几年前试点的继续，后来形成了《关于规划体制改革若干问题的意见》，在此基础上形成了2005年国务院《关于加强国民经济和社会发展规划编制工作的若干意见》。但之后，规划体制改革基本上停滞了，当年规划体制存在的问题，现在仍然存在。习近平总书记在2014年中央经济工作会议上明确要求“要加快规划体制改革，健全空间规划体系，积极推进市县‘多规合一’”，但现在加快规划体制改革的任务尚未落实。“多规合一”只是规划体制改革的一个任务，并不是全部。规划体制改革的主要任务有：

第一，减少规划数量。无论是专项规划还是区域规划都太多了，很多十几年前已经统一思想不用再编制规划的行业，现在又开始编制规划了。区域规划和城市群规划是必要的，但本质上是一类规划。到底什么领域要编制规划，什么领域没有必要编制规划，要有一些基本的原则，市场配置资源的领域，没有必要编制专项规划或行业规划，更不要把部门工作当作规划来编。区域规划和城市群规划也不是随随便便把相邻地区或城市画一个圈就编制一个规划。在编制“十四五”规划时，要把这些改革任务落实下去，切实大幅度减少规划数量。

第二，改革规划内容。一些专项规划要明确编制的指导思想，要给市场指明方向，什么样产品要在哪年实现自主等。新产品、新产业、新业态是规划不出来的，而等新产品新产业新业态在市场上涌现后再去规划，很容易带来重复建设、产能过剩，应该抓住核心技术等问题去规划。区域规划和城市群规划不是经济发展的规划，要搞清楚规划对象是什么？规划对象是在地方规划层面解决不了的突出问题，如基础设施的互联互通、市场的一体化、公共服务均等化，若变成相关地区或城市发展规划的简单相加，定位、产业、项目的汇总，就没有必要编制了。

第三，界定规划功能。目前各级、各类规划之间缺乏明确的分工和联系，功能定位模糊。发展规划、城乡规划、土地规划，三大体系相互独立，关联度差、交叉重叠。在空间上已经有了顶层设计的全国主体功能区规划，就不应该再来一个国土空间的总体性规划了。上下之间的规划，大都是从“战略”到“战略”的简单重复，只有战略，没有战术、战役，内容雷同，上下一般粗，上级规划不能很好地为下级规划提供依据，下级规划不能很好地落实上级规划。

第四，健全空间规划体系。党的十八届三中、五中全会以及中央生态文明体制改革总体方案，习近平总书记的有关讲话，讲的都是空间规划。现在的国土空间规划，空间和国土是同义语叠加，应该回到习近平总书记明确提出的健全空间规划体系的要求上来。在空间规划这个概念基础上，分清主体功能区规划、城市规划、土地规划各自的功能。空间规划是国家空间发展的指南，是可持续发展的空间蓝图，是各类开发建设活动的基本依据。空间规划因分为国家、省级、市县（设区的市空间规划范围为市辖区）三级。国家总体性空间规划就是《全国主体功能区规划》，不应该有第二个了。前国务院领导在审议《全国主体功能区规划》时讲，这是一个管一百年的规划。习近平总书记在中央城镇化工作会议上明确指出：“全国主体功能区规划对城镇化总体布局做了安排，提出了‘两横三纵’的城市化战略格局，要一张蓝图干到底”。党的十八届三中全会提出“坚定不移实施主体功能区制度，建立国土空间开发保护制度，严格按照主体功能区定位推动发展”，党的十九大提出“主体功能区制度逐步健全”。这说明，党中央已经把主体功能区确立为中国国家治理体系中的一项重要制度。部门职能可以调整，但主体功能区制度必须毫不动摇地坚持，不能废。空间规划不只是主体功能区。

第五，推进市县“多规合一”。市县层面空间单元小，没有必要像国家和省级那样，编制那么多规划。重点是统一编制市县空间规划，实现一个市县的土地规划、城乡规划、生态环境保护规划等的“多规合一”，形成一个市县一个空间规划、一张蓝图，一张蓝图干到底。考虑到《宪法》规定“县级以上的地方各级人民代表大会审查和批准本行政区域内的国民经济和社会发展计划”，县级五年规划纲要还不能取消，但可以考虑在法律授权下，开展县级五年规划纳入空间规划试点。市县空间规划要根据主体功能定位和省级空间规划要求，划定城镇空间、农业空间、生态空间三类空间，明确城镇建设区、工业区、农村居民点，以及耕地、林地、草原、河流、湖泊、湿地等的保护边界。

第六，规范规划编制程序。目前各级各类规划编制的各个环节，包括衔接、批准、颁布、评估、调整，以及规划编制过程中各级党委、人大、政府、规划主管部门、行业主管部门各自的职责等，都是按不成文的惯例进行的。哪些规划应由行业主管部门编制，哪类规划需要综合部门编制，哪些规划应由国务院审批等，没有明文规定，带来规划工作中的随意性较大、部门间政出多门、互相“扯皮”甚至相互掣肘。规划编制中，地方领导的话语权过大，听取企业、社会组织、居民的意见不充分。2003年，我们曾起草形成了《规划编制条例》，当时没有通过是觉得条件不成熟，现在，条件已经成熟。按照全面依法治国的要求，应该制定《规划编制条例》，使规划编制走上法治化轨道。

访谈记者：中国经贸导刊杂志社　李苏洋

2019年1月30日

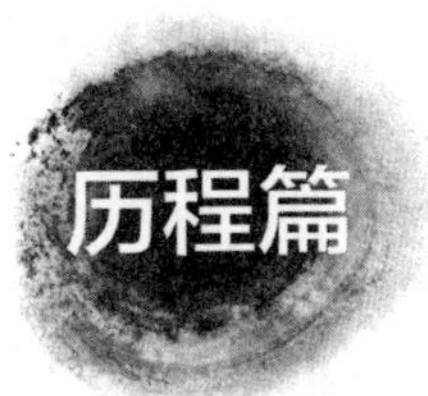

缓急渐进，序不越次

五年规划（原称五年计划），全称为中华人民共和国国民经济和社会发展五年规划纲要，是中国国民经济计划的重要部分，属长期计划。主要阐明国家战略意图，明确经济社会发展宏伟目标、主要任务和重大举措，是市场主体的行为导向，是政府履行职责的重要依据，是全国各族人民的共同愿景。

中国从1953年开始制定第一个“五年计划”。从“十一五”起，“五年计划”改为“五年规划”。截至目前，中国已编制十三个五年计划（规划），正在编制第十四个五年规划。回顾五年规划（计划）的历史，能描绘新中国成立以来经济发展的历史脉络，也能从中探索中国经济发展的规律。

共和国的脚步

——国民经济和社会发展十三个五年规划（计划）[①]

① 迄至“十一五”规划相关重要文件，可参见全国人大财政经济委员会办公室、国家发展和改革委员会发展规划司汇编的《建国以来国民经济和社会发展五年计划重要文件汇编》，中国民主法制出版社2008年版。“十二五”以后的规划相关文件，读者均可从公开渠道获悉，兹从略。

规划经国，作事谋始

制定和实施五年规划，是我们党和国家领导、组织和推动经济社会发展的重要方式，也是我国社会主义制度的独特优势。无论是在计划经济时期、计划经济向市场经济转轨时期，还是社会主义市场经济时期，规划对国家经济社会发展都发挥了积极而重要的作用。

在实践过程中，规划也逐渐发展成包括规划纲要、专项规划、区域规划、空间规划及地方规划在内的完整、有机的体系。倾听规划编制者、参与者的心声，对全面了解规划制定背景工作过程以及不同时期、不同类别规划的特点，具有无法替代的作用。

通过规划为经济社会高质量发展提供支撑

访中国国际工程咨询有限公司副总经理　苟护生

问：“十三五”规划《纲要》提出，深入推进能源革命，着力推动能源生产利用方式变革，优化能源供给结构，提高能源利用效率，建设清洁低碳、安全高效的现代能源体系，维护国家能源安全。想请您谈谈，“十三五”规划制定了哪些能源目标任务？实施的成效如何？

答：总体来看，“十三五”以来，我国能源供给侧结构性改革快速推进，去产能、调结构取得实质性成效，能源供应保障能力和普遍服务水平显著提升，但个别领域还存在短板，实现规划目标具有一定难度。

（一）能源目标

“十三五”规划《纲要》确定的25个主要指标中，能源领域主要有非化石能源占一次能源消费比重和单位GDP能源消耗降低2个指标，规划目标分别为2020年达到15%和“十三五”累计降低15%。2017年，我国非化石能源占一次能源消费比重达到13.8%，与2015年相比增长了1.8个百分点，预计2018年非化石能源消费比重将达到14.3%；单位GDP能源消耗在2016年下降5.0%、2017年下降3.7%的基础上，2018年又下降3.1%，逐步接近累计降低15%的规划目标。

（二）能源任务

“十三五”规划《纲要》确定的165项重点任务中，能源领域共8项，包括代表绿色低碳发展的可再生能源、核电，代表智能高效发展的高效智能电力系统、煤炭清洁高效利用、能源关键技术装备，代表能源安全和战略发展的非常规油气、能源输送通道、能源储备设施。

可再生能源方面，截至2018年年底，可再生能源发电装机规模已突破7亿千瓦，其中水电（含抽蓄）、风电、光伏发电装机分别超过3.5亿千瓦、1.8亿千瓦和1.7亿千瓦。常规水电由于后续项目开发条件尤其是经济性相对较差，“十三五”以来装机增速明显放缓；风电近年来发展迅速，开发布局加快向中东部和南方地区转移，预计全年平均弃风率降至7.7%；太阳能发电中，随着光伏发电成本快速下降，近年来装机规模快速增长，已提前完成“十三五”规划目标，分布式光伏发电装机规模持续增加，预计全年平均弃光率降至3%左右，光热发电目前正在推动示范项目建设。

核电方面，截至2018年年底，我国在运核电机组44台，总装机容量约4200万千瓦；在建核电机组14台，总装机容量约1500万千瓦，根据“十三五”核电开工情况来看，预计难以完成规划开工目标。主要核电项目中，AP1000核电机组三门一期1号、2号机组相继并网成功；首台“华龙一号”机组福清5号已率先于2017年完成核岛厂房主体结构封顶，福清6号机组和防城港3号机组也于2018年完成核岛厂房主体结构封顶并转入设备安装阶段；山东荣成CAP1400核主泵等关键设备研制正在积极推进，为尽早核准开工创造了有利条件。

高效智能电力系统方面，截至2018年年底，抽水蓄能电站装机规模达到3000万千瓦左右，但开工规模与规划目标有一定差距；在建的龙头水电站中，雅砻江两河口水电站已进入主体工程建设阶段，大渡河双江口水电站已实现截流，规划的龙头水电站中，金沙江中游龙盘水电综合枢纽工程正在按程序开展前期工作；大连液流电池、金坛压缩空气电站等储能示范工程开工。

煤炭清洁高效利用方面，截至2018年年底，全国累计实施煤电超低排放改造超过7亿千瓦，累计实施煤电节能改造6.5亿千瓦。2018年8月，国家能源局印发《2018年各省（区、市）煤电超低排放和节能改造目标任务的通知》，提出在东部地区率先完成改造的基础上，2018年力争基本完成中部地区改造，2020年完成西部地区改造。

能源关键技术装备方面，具有四代安全特征的山东荣成石岛湾高温气冷堆示范项目已完成土建工程，进入安装调试阶段，福建霞浦示范快堆工程开工建设；柔性直流输电、分布式能源并网、多能互补集成优化、大规模源网荷友好互动等智能电网技术陆续进行示范推广；百万千瓦级水轮发电机组已完成技术研发并投入生产，将应用于在建的白鹤滩水电站。

非常规油气方面，沁水盆地和鄂尔多斯盆地东缘煤层气产业化基地已初步建成；长宁—威远、云南昭通页岩气田年产气约30亿立方米，重庆涪陵建成了全国首个百亿方页岩气田；南海神狐海域天然气水合物试采成功。

能源输送通道方面，12条大气污染防治行动重点输电通道，以及扎鲁特—青州、酒泉—湖南等输电通道全部建成，乌东德送电广东广西特高压直流、张北柔性直流开工建设；中俄原油管道二线、中缅原油管道建成，中俄东线天然气管道开工建设；陕京四线天然气管道建成，鄂安沧天然气管道一期工程建成投产；蒙西—华中煤运通道建设有序推进。

能源储备设施方面，建成舟山扩建、天津等石油储备项目，形成9个国家石油储备基地；天然气储气库建设有序推进，但目前全国已建成的地下储气库工作气量仅相当于天然气消费量的3%，远低于国际平均水平；天然铀资源储备已形成实物储存、国内外资源掌握和长期贸易协定三种方式相结合的较为完善的储备形式。

问：在促进能源发展方面您有哪些意见或建议？

答：第一，坚定不移地推动非化石能源发展。我国非化石能源在快速发展的同时，也存在着核电开工进展缓慢、水电后续项目经济性普遍较差、部分地区新能源消纳问题突出等情况。为尽早兑现非化石能源消费比重的国际承诺，促进我国能源发展转型，建议进一步推动我国沿海核电安全高效发展，尽快启动“华龙一号”自主创新核电技术后续项目，研究切实可行的支持政策，解决后续常规水电开发经济性较差的问题，并通过优化新能源的开发布局、促进风光水火储多能互补、加强电力系统调峰能力、提高电力本地消纳水平等方式，有效促进新能源消纳。

第二，切实提升能源系统的运行效率。建议加强煤炭、油气、电力等能源全行业的中长期预测，结合各区域资源条件和经济社会发展趋势，分析未来能源生产和消费格局演变情况，进一步优化我国能源流向，以便科学规划能源输送通道、能源项目布局和开发时序，逐步完善能源输送网络，提高能源系统的整体运行效率，促进能源高质量发展。

第三，加快补齐我国能源发展短板。一是全力打好能源领域“三大攻坚战”，包括防范化解煤炭、煤电、炼油领域产能过剩风险，通过推动新一轮农村电网改造升级、光伏扶贫等能源项目建设带动地区扶贫脱贫，通过优化能源结构、实施煤电超低排放改造、推动北方清洁供暖等方式加强能源污染防治。二是加快建立国内天然气产供储销体系，重点推动多层次储气设施建设，满足不断增长的天然气消费和迎峰度冬调峰需求。三是集中攻关关键核心技术，加快推进重型燃气轮机、大规模储能等领域的技术研发和支持力度，逐步摆脱核心技术受制于人的困境。

第四，不断完善能源领域体制机制。一是持续深化我国电力体制改革，加快建立全国统一的电力市场，打破省间交易壁垒，促进清洁电力在全国范围内优化配置，推动建立符合供求关系的电力价格和需求侧响应机制，引导用户错峰用电，加快建立电力辅助服务市场，完善抽水蓄能、储能电站以及其他辅助服务领域的价格疏导机制，充分调动辅助服务提供主体的积极性。二是积极推进我国油气体制改革，通过组建管道公司实现管输和销售分开，实现管网实施公平开发，促进油气市场多元竞争。

第五，持续提升传统能源领域发展水平。考虑到我国以煤为主的能源结构短期不会改变，建议在加快淘汰落后产能、化解产能过剩风险的同时，进一步推动煤炭、煤电等传统能源领域新技术的广泛应用，促进煤炭绿色高效开采，有效提升资源回收率，并不断提高煤电机组的节能和超低排放水平，以不断提升传统能源领域技术创新和能效提升。

问：目前“十三五”中期评估已经完成，作为专项规划编制参与者和规划重大项目的评估专家，结合工作实际您认为关于《“十三五”现代综合交通运输体系发展规划》的实施情况如何？

答：《中华人民共和国国民经济和社会发展第十三个五年规划纲要》要求加快完善安全高效、智能绿色、互联互通的现代基础设施网络，完善现代综合交通运输体系，更好发挥对经济社会发展的支撑引领作用。《“十三五”现代综合交通运输体系发展规划》（以下简称《规划》）是“十三五”22个国家级重点专项规划之一。《规划》明确到2020年，基本建成安全、便捷、高效、绿色的现代综合交通运输体系，部分地区和领域率先基本实现交通运输现代化。《规划》设置了24项主要指标，提出了完善设施网络、加强战略支撑、优化运输服务、提升智能管理、促进绿色发展、强化安全保障、新领域新业态和深化改革8项重点任务，设置了10个专栏去落实《规划》的重点事项，专栏当中包括了32项重点工程和5个重大的专项行动计划。在保障措施方面，《规划》提出加强组织实施，加大土地、投资、补贴等组合政策支持，完善法规标准体系，强化交通科技和人才支撑等措施。

根据《中华人民共和国国民经济和社会发展第十三个五年规划纲要》要求，《规划》体现了“支撑引领”的基本遵循，提出了交通运输从“跟跑型”向“引领型”转变的总体思路，强化优化供给侧结构性改革的指导思想，《规划》具有明显的新时代特征。

（一）《规划》中期评估工作

根据国家统一部署，受国家发展改革委、交通运输部联合委托，2018年，中咨公司作为第三方进行开展中期评估。为做好评估工作，我们对全国31个省（市）的《规划》实施情况、指标完成情况、重大任务进展情况、贯彻新发展理念情况、交通运输改革情况等进行了调研；走访交通运输部、中国民用航空局、国家邮政局、中国铁路总公司等行业部门和单位；开展了问卷调查，反映人民群众对交通发展的意见和获得感、幸福感；组织专家对规划实施情况进行了研判。

总体上看，“十三五”以来，我国交通运输事业取得巨大成绩，现代化综合交通运输体系建设发展迅速，高速铁路、高速公路、空中航线、油气管道网络四通八达，海陆空、地上地下立体交通高效运转，工程建设和管理能力世界领先，交通技术创新能力不断增强推动了运输速度和质量提升，互联网应用、共享交通等新业态成为交通发展新亮点，交通走出去步伐加快。交通发展为人民对美好生活的需要创造了良好的条件，有力地支撑了社会经济发展，带动了工程进步、技术进步、社会进步，是我国制度优越性的集中体现。

（二）《规划》指标的实现

《规划》提出，到2020年，基本建成安全、便捷、高效、绿色的现代综合交通运输体系，部分地区和领域率先基本实现交通运输现代化的主要目标。在基础设施、运输服务、智能交通、绿色安全四个方面，制定了24个发展指标。

我们认为，《规划》目标以构建现代综合交通体系为突破点，深化交通供给侧结构性改革，体现了交通运输对经济社会发展的支撑引领作用，有利于推动交通强国建设。

总体上看，《规划》提出的24个主要指标绝大多数达到预期进度要求，基本可以完成，能够实现网络覆盖加密拓展、综合衔接一体高效、运输服务提质升级、智能技术广泛应用、绿色安全水平提升的目标要求。

问：《“十三五”现代综合交通运输体系发展规划》涉及哪些重点任务？进展情况如何？

答：《规划》部署了完善设施网络、加强战略支撑、优化运输服务、提升智能管理、促进绿色发展、强化安全保障、拓展新领域新业态和深化改革8项重点任务。

（一）重大项目

《规划》提出了“十纵十横”综合运输大通道，构建快速交通网、普通干线网、基础服务网的三张网。

总的来看，“十纵十横”综合运输大通道构架进展顺利，以铁路、公路、民航、水运、管道为主体构建的不同层次网络不断完善，规划提出的重点建设项目有序推进。

评估中也发现，中西部地区一些铁路项目受资金等因素影响，建设进度有可能滞后。中亚天然气管道D线因气价谈判未达成一致，进度受到影响；天然气调峰设施建设滞后。需要进一步加大前期工作力度和进度。

（二）重大战略

交通在“一带一路”建设中发挥重要的支撑作用。中欧班列通达欧洲15个国家49个城市，中老铁路、中泰铁路建设进展顺利，港珠澳大桥建成通车，沿海港口成为“一带一路”的重要战略支点。但是，由于双边或多边关系和利益协调困难，中吉乌、中巴等周边互联互通铁路项目进展比较缓慢。

京津冀城际铁路网建设已全面启动，北京至唐山、北京至滨海、北京至雄安、北京新机场联络线等城际铁路相继开工，形成了“轨道上的京津冀”主要框架。北京新机场建设进展顺利，以天津北方国际航运核心区为龙头的津冀港口群基本构建，交通已成为京津冀协同发展最重要的支撑之一。

长江经济带综合立体交通走廊加快建设。长江干线南京以下12.5米深水航道工程、中游荆江航道整治相继竣工，高等级航道达标里程8600

公里。三峡枢纽水运新通道前期研究工作稳步推进。长江干线港口铁水联运设施联通进展顺利。

交通扶贫工作取得了脱贫攻坚阶段性重大成果。扶贫攻坚项目进展顺利，全国农村公路新改建50万公里，大部分省区农村公路建设已提前完成，建制村通硬化路任务能够全面完成，农村居民交通出行条件明显改善。

（三）运输服务

随着我国机场、铁路站场、公路客运站等综合交通枢纽基础设施建成投入运行，枢纽功能不断完善。

依托大数据分析与应用，空铁、公铁等联程联运服务进一步加强，客运服务更加安全便捷。邮政基础设施网络体系逐步完善，农村物流网络节点覆盖率逐步提高。

尤其是运输结构调整、铁水联运进一步提速。国务院办公厅关于《推进运输结构调整三年行动计划（2018—2020年）》的通知，有力地推动了运输结构调整，要求到2020年全国货物运输结构明显优化，铁路、水路承担的大宗货物运输量显著提高，港口铁路集疏运量和集装箱多式联运量大幅增长。与2017年相比，全国铁路货运量增加11亿吨、增长30%，全国水路货运量增加5亿吨、增长7.5%；沿海港口大宗货物公路运输量减少4.4亿吨。全国多式联运货运量年均增长20%，重点港口集装箱铁水联运量年均增长10%以上。

（四）交通运输新业态

智能交通蓬勃发展。"互联网+"便捷交通、高效物流、智慧交通行动计划等加快推进，大数据、物联网和人工智能技术推广应用，辅助自动驾驶技术在营运车辆中逐步推广。

“十三五”以来，交通运输新领域、新业态的不断涌现，推动了交通运输与经济社会深度融合发展，成了地方经济社会转型升级的动力源。高铁经济和临空、临港等枢纽经济拓展了经济发展新空间。如以滴滴打车、首汽约车为主的网约车，以摩拜单车、ofo小黄车为代表的共享单车交通新业态蓬勃发展。以“货车帮”为代表的公路物流互联网信息平台已覆盖全国，传化公路港网络正在积极推进，积极推进“无车承运人”试点工作，交通物流平台服务更加高效。

（五）交通改革

交通运输领域深入推进“放管服”改革，从中央到地方，都出台了相应的文件，采取了一系列举措，将交通“放管服”改革推向纵深，取得了良好的效果。

在空域管理体制改革方面，先后在珠三角、海南、长三角、京津冀等飞行繁忙地区推开空域精细化管理改革试点。在铁路市场化改革方面，铁路总公司18个铁路局完成公司制改革，铁路现代企业制改革和混改正在积极推进。公路领域全面取消还贷二级公路收费，积极有序推进公路养护市场化改革。各地积极推进出租车市场化改革，按照高品质、差异化原则有序发展网约车。城市轨道交通和公路领域广泛采取PPP模式，成为传统基础设施领域推广应用的重点。

问：《“十三五”现代综合交通运输体系发展规划》取得了哪些成效?

答：《规划》贯彻落实新发展理念，以深化供给侧结构性改革为主线，推动交通运输高质量发展，在设施建设、提升服务、转变方式、深化改革方面取得了明显成效。截至2018年年底，我国铁路营业里程13.1

万公里，其中高速铁路2.9万公里以上，公路网总里程485.95万公里，其中高速公路14.25万公里，内河等级航道6.69万公里，沿海港口万吨级及以上泊位1994个，民用航空机场238个，轨道交通运营里程4757公里。

（一）高铁等网络设施建设取得巨大成绩

三年来，郑徐高铁、西成高铁、济青高铁、杭黄高铁、广深港高铁等线路相继投入运营，高铁运营总里程达到2.9万公里，“十三五”将超额完成3万公里的规划目标。以中国标准动车组 “复兴号”为标志，树立了世界高铁商业运营新标杆。问卷调查显示，高铁发展排在交通领域重大成绩首位。

三年来，新增民用运输机场29个，广州、重庆、长沙、武汉等机场扩建工程建成投产，北京、成都、青岛等新机场项目进展顺利。城市轨道交通发展迅速，三年来，新开通运营轨道交通城市7个，城市轨道交通运营总里程世界第一。

（二）脱贫攻坚取得阶段性重大成果

以“双百”工程为重要抓手，各地高度重视交通扶贫工作。国家对西部贫困地区建制村通硬化路补助标准提升到60万元/公里，仅就2018年，安排车购税资金883亿元用于交通扶贫农村公路建设。通过调研情况来看，交通扶贫项目在“十三五”都能确保完成，大部分地区都可提前实现建制村通硬化路规划目标。农村居民特别是贫困地区百姓“出行难”问题得到明显改善，真正享受到交通带来的便利。

（三）综合交通运输理念得到切实贯彻

突出综合交通枢纽建设，依托铁路站场、机场、公路客运站等综合交通枢纽的建设，铁路、民航、长途客运、地铁、出租车、城市公交等运输方式换乘更加便捷，城市“最后一公里”的问题明显改善。以沿海及内河港口为集散的多式联运货运枢纽及体系不断完善，打通铁路进港“最后一公里”，2020年长江干线主要港口全面接入集疏港铁路，沿海港口大宗货物公路运输量减少4.4亿吨。

（四）交通领域技术创新成绩斐然

“复兴号”动车组具有完全自主知识产权，从整体设计到车体、转向架、牵引、制动、网络等关键技术都是自主研发，在254项重要标准中，中国标准占84%，达到国际先进水平。

国产C919大型客机全面试验试飞，AG600大型水陆两栖飞机完成首飞，ARJ21支线客机载客运营范围进一步扩大。

以港珠澳大桥为代表的基础设施建设技术领先世界。陆续建成一批世界级铁路、公路特大桥隧工程。离岸深水港建设关键技术、航道系统治理技术等世界领先。

（五）交通新业态发展成为新的亮点

问卷调查显示，对信息导航、共享平台等互联网技术应用成果予以高度肯定。共享交通蓬勃发展，共享单车投放量达到2300万辆，覆盖200个城市。快递业务量飞速增长，快递日均服务用户超过1.1亿人次，2018年年底，我国快递业务量达到500亿件，占全球快递业务一半以上。

互联网与交通发展正在深度融合。大数据、云计算、物联网等技术加快应用。铁路网上办理货运、互联网售票比例均超过70%；全国25个省份已建成或基本建成省域道路客运联网售票系统，全国二级及以上客运站省域联网接入率已达81%。智能分拣机器人、无人仓、无人机和无人车开始应用，京东、美团、闪送等即时物流新业态不断涌现。

问：《“十三五”现代综合交通运输体系发展规划》实施的结果与成果，您认为达到最初的心理预期了吗？存在哪些问题？

答：第一，结构性矛盾仍比较突出。目前交通运输物流成本在GDP中的比例仍较高，运输效率较低、费用较高、运输时效较长、结构不合理是重要的因素。铁路、水运货物运输量占比仍较少，有较大的发展空间；多式联运方式和效率需要进一步提升和优化，“最后一公里”问题依然突出。节点枢纽上，各种运输方式在节点城市上各自建设物流配送中心、各自占领地盘、组织货物流通，进一步增加了运输环节和费用，加大了城市交通压力。

第二，区域内交通成为发展的短板。大城市内部交通及周边交通问题日益突出，已成为发展的重要短板。大型交通枢纽换乘不便、城市交通拥堵、停车难、共享单车混乱等大城市交通运营管理问题比较突出。目前看，大城市交通出行结构还不尽合理，小汽车等私人交通增长仍然较快，公共交通换乘不便，服务水平有待进一步提升，慢行交通设施和停车场供应数量仍不能满足需要。成渝、北部湾、哈长、辽中南、呼包鄂榆、黔中、滇中等部分城市群地区城际铁路建设项目进展缓慢，有些尚未启动规划工作。

第三，区域发展仍存在不平衡的矛盾。西部地区部分铁路建设相对滞后，西部地区铁路里程长、投资大、财务效益差，为提高效益，资金问题已成为西部铁路建设的主要瓶颈，需要得到妥善解决，否则区域间发展矛盾会越来越突出。中西部地区支线机场建设受工程施工难度大、建设资金压力大、边疆反恐任务重、军民融合发展要求等因素影响，部分项目进展缓慢。

第四，体制性障碍需要解决。地方铁路建设和社会资本投资铁路建设与国铁接轨难度较大，公开透明规则还未建立，建设运营仍受到国铁制约，行业垄断性障碍仍需进一步破解。空域资源依然是制约民航发展的突出瓶颈，机场建设军民航协调难度大，项目前期工作推进缓慢，需要进一步深化民航改革。部分综合交通枢纽项目存在跨行业协调难度大、技术标准不统一、建设不同步等问题，需要进一步完善体制机制，加强协调。

第五，债务风险逐步增大。部分地区交通发展方式尚未得到根本转变，仍存在不切实际相互攀比、追求高标准高速度的现象，防范化解重大风险任务依然艰巨。中国铁路总公司负债水平不断攀升，债务累计接近5万亿元，债务和筹资压力巨大；新建城市轨道交通项目大部分采用PPP融资方式建设，地方政府财政风险不断加大；地方公路建设以债务资金为主的融资方式，使得债务总额不断攀升，农村公路养护资金筹资困难问题比较突出；中央企业以PPP方式投资建设交通项目风险显现，需要进一步规范。

第六，投资等新动能不足问题开始显现。目前，公路、铁路、城市轨道交通等在建项目规模较大，交通建设需求和资金保障能力的矛盾日益突出，政府筹资压力逐步增大，社会资本投资交通领域仍然困难。在全面防范化解风险要求下，进一步拓宽投融资渠道，创新模式发挥投资新动能更加迫切，需要抓紧解决。

问：对接下来推动《“十三五”现代综合交通运输体系发展规划》实施方面您的建议是？

答：为更有效推动《规划》实施，同时为“十四五”规划提供基础和经验借鉴，提出以下几点建议：

第一，加快规划内重点项目实施。对照“十三五”规划纲要165项重大项目中交通建设重点工程，优先推进重点项目实施，发挥交通对经济社会的支撑引领作用。聚焦深度贫困地区脱贫攻坚和乡村振兴战略，继续加大对深度贫困地区交通基础设施建设支持力度。按照高质量发展要求，加快京津冀、粤港澳大湾区、长三角一体化等区域交通基础设施建设，达到部分地区和领域率先实现现代化的目标要求。加强川藏铁路的规划建设工作，加强技术论证，加大建设资金保障，高起点、高标准、高质量推进工程规划建设。

第二，加大运输结构调整力度。扩大铁路运输在中长距离大宗散货运输中的份额，加快构建多式联运系统，加强港口集疏运协调，提高综合交通运输体系组合效率；提升城市综合运输枢纽规划水平，构建多层次和模式的城市交通系统，着力解决城市交通拥堵和内外交通衔接不畅等问题。

第三，继续加大西部地区支持力度。按照分类施策的原则，进一步破解西部地区资金瓶颈问题，加大中央资金以及政策性金融机构信贷资金方面支持力度，确保规划重点项目有序建设；进一步推动中西部城市群地区城际铁路建设。

第四，进一步防范化解重大风险。处理好发展需求与建设能力的关系，注重规划重大项目经济效益和可持续发展，加强债务风险评估；抓紧完善基础设施PPP价格形成、市场管理等规范性文件；抓好交通行业及企业提质增效工作，提高可持续发展能力；加强风险防控顶层设计，进行制度性安排。

第五，激发交通投资新动能。继续破解地方融资难问题，适度扩大专项债务和企业发债规模，继续支持政策性金融投资交通领域，支持地方进一步创新投融资模式；大力破解社会资本投资交通领域障碍，切实解决社会资本投资难、融资难、贷款难等问题，发挥社会资本作用促进有效投资。

第六，继续深化改革。深化铁路、民航、油气管道垄断性行业改革，加快推动中国铁路总公司股份制改造，修订完善铁路法、民用航空法和收费公路管理条例。进一步加强城市轨道、城际铁路建设管理。针对不断涌现的新业态新模式，适时调整完善相关法规和政策。加强新型智库建设，提升交通发展软实力，建立交通大数据平台，促进智能交通发展。完善“大交通”管理体制，统筹各种交通运输方式融合发展。

访谈记者：中国经贸导刊杂志社　李苏洋

2019年3月6日

把专项规划做“实”做“深”

访浙江省发展和改革委员会原副主任 刘 亭

问：从“十一五”开始，把“五年计划”改为了“五年规划”。作为浙江省的规划编制亲历人，您是如何把握“十一五”规划编制工作的基本要求的？

答：与以往规划相比，“十一五”规划的背景和要求都发生了极其深刻的变化，大致有以下一些新的动态。

（一）两大理论与两大战略：有机结合

在国家层面，一个十分重要的动向，就是中央在强调树立和落实科学发展观的同时，特别强调构建社会主义和谐社会。我觉得这两大理论十分重要，具有旗帜性的意义。同时，它也是最重要的两大规划理念，将对规划编制工作产生重大而深远的影响。

在浙江省委、省政府层面，非常强调中央的这两大理论与浙江省两个战略之间的有机联系。一方面，实施“八八战略”，就是科学发展观在浙江的具体实践，或者说“八八战略”是科学发展观与现阶段浙江发展实际相结合的产物。另一方面，建设“平安浙江”，就是构建社会主义和谐社会在浙江的具体实践，或者说“平安浙江”是构建社会主义和谐社会与现阶段浙江发展实际相结合的产物。当然，浙江省委十一届四次全会提出的“八八战略”，六次全会提出的“平安浙江”，其内涵都会根据形势的发展做一些新的补充。

（二）中央对浙江发展的新要求：走在前列

2005年2月25日，胡锦涛总书记听取了浙江省委的工作汇报，接着，又参加了同年3月6日全国人大浙江省代表团的讨论。胡总书记先后发表了两次重要讲话，主要的精神浓缩起来就是要求浙江省的发展要在全国“走在前列”。具体展开，就是“一大三小”。“一大”，就是在全面建设小康社会、加快推进社会主义现代化建设进程中，浙江要继续走在前列；“三小”，就是在树立和落实科学发展观方面要走在前列，在构建社会主义和谐社会方面要走在前列，在加强党的先进性建设方面要走在前列。浙江省搞的先进性教育活动，非常强调要增强“走在前列”的意识。这个意识也是跟“十一五”规划直接相关联的。当然，不仅要“走在前列”，还要“干在实处”，达到前列的目标还是要靠脚踏实地的“实干”，浙江省委是把这两句话连在一起提的。

（三）浙江发展的新命题：转型创新

发展模式转型这一命题，最早是2004年9月，时任浙江省省长吕祖善在省政府党组务虚会上提出来的。之后，吕省长在一次浙江大学与全省市县的合作峰会上，又比较系统地阐述了“十一五”乃至今后更长的一个时期，推动浙江省发展模式全面转型的内涵、要求、途径和工作重点。到目前为止，他提出的这个命题的架构，可以初步概括为“一大四小”。“一大”即发展模式的全面转型，“四小”是经济增长方式由外延粗放，向内涵集约转型；经济体制由初级的传统市场经济，向更为开放的现代市场经济转型；社会结构由有所失衡、城乡分割，向更为和谐、城乡一体转型，以及政府自身的转型，包括政府职能的转变和政府管理的创新。

到目前为止，“转型”和“创新”是浙江省“十一五”规划编制工作中出现频率最高、最具带动性的两个词汇，也是浙江省“十一五”规划认真研究和把握的内容。浙江下一步的可持续发展，不转型、不创新是没有出路的。“十一五”期间，浙江发展模式转型亟须真正地破题并切实有所作为。当然，发展模式的转型也是一个长期的过程，不可能一蹴而就。

问：您是如何把控“十一五”专项规划编制各项工作推进的？

答：“十一五”是浙江省经济社会发展的转型期，也是规划编制理念和方法的创新期。结合国家和浙江省委、省政府的要求，浙江省专项规划的编制工作，努力做到了“四个体现”。

（一）专项规划要体现规划功能的新定位

“十一五”规划的总体定位是三句话。第一句，规划是政府履行职能的依据之一。法律是政府行政的基本依据，但是法律比较概括，比较抽象，不可能包罗政府的具体职能。比如说经济发展、社会进步、政策引领、重大项目，等等，都是法律难以具体涉及的，而规划就可以起到这个作用。所以，制定和执行规划是政府的重要职责之一。

第二句，规划也是引导社会行为的准则。现在规范社会行为的准则一个是法律，一个是道德。但是实际上，规划也是一个很重要的因素。因为规划里面有很多导向性的表述，还有一些是约束性的表述，提示市场主体最好去做什么，最好不要去做什么，这也是在引导社会行为。

第三句，规划是政府组织牵头制定的，也是管政府的。规划编制的过程，是一个社会各界达成共识，最后上升为政府决策的过程。这个拟议中的决策一旦形成并经权力机关审议批准发布以后，市场主体和政府部门都要遵循。规划既是引导市场主体的，也是约束政府部门的。我们既要依法行政，又要依规办事。

（二）专项规划要体现与规划体系的有机衔接

规划是一个完整的体系。要发挥规划的综合效应，避免各项规划的错位和冲突，就必须加强规划的有机衔接。

一是具体编制过程中的纵向衔接。现在纵向衔接一般都做得比较好，如国家发改委对省发改委有工作的部署，国家教育部对省教育厅也有通盘的安排。作为自上而下的贯彻，大家做得都还能够比较到位。但是，总结基层的经验，听取下级的意见，反过来完善我们省一级的规划编制，这个衔接还要加强。

二是具体编制过程中的横向衔接。现在部门之间、地区之间横向的衔接比以前加强多了，但是还远远不够。现在各部门、各地区的工作，谁都不要有“包打天下”的想法。要意识到谁也代替不了谁，谁也离不开谁。

三是规划定位和内容的有机衔接。专项规划的功能定位，应该把它放到整个规划体系当中来看待。根据浙政办〔2004〕120号文件，浙江省“十一五”规划体系总体上分为三个层次：第一个层次是国民经济和社会发展总体规划，第二个层次是区域规划，第三个层次是专项规划。专项规划里面又有三个小层次：第一个是重点专项规划，第二个是主要专项规划，第三个是少量确有必要编制的子规划。

在这个体系当中，专项规划既要体现出总体规划对其的指导和引领，又要加强与区域规划的有效衔接。总体规划是一个大平台，要体现浙江省委、省政府的战略决策和总体部署，要汇总各种研究成果，是整个规划体系的“龙头”。区域规划是一种综合性、大尺度的空间规划。专项规划要加强空间布局方面的内容，并与对应的区域规划相衔接。专项规划确定的发展目标必须尽可能地和特定的空间区块结合起来。专项规划拟实施的项目一定要“落地”，不能成为“空中楼阁”。

（三）专项规划编制要体现规范有序

我们所编制的是政府在其行政管辖权范围之内有效实施其行政管理的规划。尽管是专项规划，也要体现行政管理的效能和效率。因此，绝对不是哪一个专项规划自己编完、自己发布或者说是“自拉自唱”一通就算完事了，需要纳入规划有效的编制管理和规范的审批发布程序。

从规划编制的基本程序来说，主要包括七个环节：规划立项、前期调研、起草、论证、衔接审核、审批、发布，七个环节环环相扣，是一个完整的工作链条。当然，这一划分在实际工作中有时也是相对的，比如调研、起草、论证、审核这几个环节，就有可能是互相交叉的。现在都比较重视审批发布，但是实际上更重要的是规划的编制过程，它决定着规划文本的质量。

在专项规划编制的过程中，规划之间有一些落差和争议我觉得都很正常。规划与规划之间肯定有交叉的内容，要做到衔接而不打架，关键是要把层次拉开。比如说总体规划，能够不讲交通、不讲水利吗？肯定都要讲，但是总体规划讲的是更宏观的层次。而水利、交通的专项规划，讲得就会比较具体，两者衔接好，就不打架了。同一个层面同一领域的表述，你一个说法，我一个说法，“一人一把号，各吹各的调”，那是不行的。我们需要的是和谐的交响乐，而不是不着调的杂音。“和谐”这个词，就是从中国古典音乐的“谐调”引申而来的。像“黑鸭子组合”唱的那个和声，我们觉得有厚度、很好听，就是因为她们把层次给拉开了，同时又很和谐。如果是同一个层面的同一个问题，各部门的表述却不一样，那就会造成所谓的“政出多门”，使基层政府和市场主体无所适从。防止专项规划打架，我们还是有一个基础的，那就是机构的“三定”方案。你编制的规划内容如果离“三定”方案所确定的职能差距很大，最后成了“彼可取而代之”，那就不尽妥当了。到目前为止，“三定”方案还是一条基准线。

（四）专项规划要体现“实”和“深”

顾名思义，专项规划一定要体现“专”，“专”了才能“实”，也才能“深”。这是专项规划在整个规划体系中的一个基本定位。大家知道，总体规划像《政府工作报告》那样，要“面面俱到”。但专项规划这么做就大可不必。它完全可以发挥相对的“比较优势”，集中精力解决某一特定领域里的问题。每一个时期的规划，都有当时最迫切、最突出的问题。我们搞规划，就是要针对这些最主要的问题。好比在“十五”期间，我们的教育事业最突出需要解决的是什么问题？就是高等教育严重短缺。现在情况变了，这五年高等教育的规模，可以说是实现了一个大跨越。

再比如在“十一五”规划编制过程中，我们重新审视了现阶段的发展状况。我们首先要搞清楚，现在到底是要解决哪几个最突出的问题，然后通过调查研究，追根溯源，找出对策。以往的规划往往只是描绘了宏伟蓝图，但空间支撑、政策支撑等方面的内容相对比较薄弱。为了增强可操作性，专项规划在提出本领域的指导思想、目标任务以外，还要研究发展的空间布局、重大项目安排以及必要的扶持政策。这样一来，专项规划就可能搞得比较实、比较深，而非一般的泛泛之论了。

专项规划要做到“实”和“深”，就必须加强调查研究。对调查研究的把握，我觉得不应该拘泥于原来传统的理解，而应该是广义的，也就是“开门编规划”。比如说，省教育厅走到基层去听取意见，又在长三角地区范围内进行横向交流；又比如说，出来规划蓝本以后广泛征求专家学者、社会各界的意见和建议。社会的反映，我们可以通过网络来获取；专家的宏论，我们可以邀请他们来座谈；另外还可以听取基层的呼声，下到市、县，甚至乡镇，去感受各方面的想法。我觉得这些都属于广义的调查研究工作。我们一定要注意，我们编的专项规划，不是我们本部门的规划，更不是我们本级的部门规划，而是全省的这项事业的规划。所以像省教育厅这样来加强调查研究，加强开门编规划的工作，我觉得是非常好的。

而且我们也要注意，调查研究恐怕是贯穿于我们专项规划编制全过程的一件事，而不是说一开始我们搞了调研，回来以后就闷头编写。我们一开始当然要调研，最后形成文本的时候还得调研，我看一直到最后报送之前，或者说只要没有批复下来，都是一个不断调研、不断完善的过程。

问：党的十六大报告指出，21世纪头20年是我国必须紧紧抓住并且可以大有作为的重要战略机遇期。“十一五”规划是十六大之后制定的第一个五年规划，您认为“十一五”有什么“特别之处”？

答：一是与历史上的五年规划相比，“十一五”规划确实是一个重大的转变，其标志就是科学发展观和社会和谐论的提出。它表明党中央对中国发展阶段和发展规律的认识，产生了一个重大的飞跃，同时对我们规划编制工作也提出了更高的要求。我有幸参加这次规划的编制，的确是一种重要的人生经历，非常有意义。

二是规划编制是对某一领域、某一行业发展的高度综合，实际上是描绘了本领域、本行业全面和长远的发展蓝图，参与其中对提升自己的业务水平和工作能力大有裨益。现状有什么问题，历史上有什么教训，先进地区有什么经验，下一步发展确立什么指导思想和奋斗目标，还要推出什么重大举措，所有这一切，都可以比较充分地检验我们的认识水平和谋划能力。所以，这样的机会很难得。我希望所有能参与规划编制工作的研究者、规划人，一定要抓住这一重要机遇，好好地在工作中完善提升自己，并为我们共同的规划事业做出应有的贡献！

访谈记者：中国经贸导刊杂志社　李苏洋

2019年6月20日

以科学发展观统领“十一五”规划

访江苏省发展和改革委员会原主任　朱晓明

问：您亲自参与了江苏省的“十一五”规划的编制，您认为“十一五”规划突出体现了哪几个特点？

答：党的十六届三中全会明确指出，我国的社会主义市场经济体制初步建立，正在形成完善的社会主义市场经济体制。“十一五”规划是我国首次将五年计划变为五年规划，虽然一字之差，但从中充分反映了我国经济体制、发展理念、政府职能等方面的重大变革。与过去五年计划相比，江苏省的“十一五”规划突出体现了七个方面的转变：1．在理念上，由过去的以物为本转向以人为本，更加关注人的全面发展，体现社会公平；2．在视野上，从过去注重国内、省内平衡，转向全球配置资源，体现全球视野和国际眼光；3．在内容上，由过去注重提出战略口号转向突出体现战略思维，重点解决影响全省经济社会发展的一些重大问题；4．在方法上，由过去规划行业、领域发展，转向规划行业、领域与空间布局，重视人口、经济、资源和环境在空间上的有效配置和均衡发展；5．在功能上，由过去强调指导性转向指导性与约束性并重，确定了预期性和约束性的规划目标；6．在形式上，由过去的共性过强、个性不足、表现形式单一，转向特色鲜明、彰显个性、图文并茂，规划更直观、更丰富、更科学；7．在方式上，由过去的重编制轻实施，转向建立完善的规划实施机制和以发展规划为依据的绩效考核制度，形成落实规划的制度保障。

问：“十一五”规划纲要是科学发展观提出后制定的第一个五年规划，您认为我省的规划是如何体现科学发展观要求的？

答：“十一五”规划以科学发展观统领经济社会发展全局，充分体现了以人为本、全面、协调、可持续发展的要求，明确了“十一五”期间经济社会发展的指导思想、目标、任务、重点和政策取向，回答了为什么发展、发展什么和怎么发展。

（一）明确以提高人民生活水平和构建和谐社会作为发展的根本目的

按照“兼顾国家、企业、群众三者利益，兼顾发展能力强的群体和发展能力弱的群体的利益，兼顾改革中得益较多和得益较少群体的利益，兼顾社会中先富群体与后富群体的利益，兼顾不同行业群体的利益”的要求，我省认真解决好人民群众最关心、最直接、最现实的利益问题，促进社会和谐进步。

——在提高人民生活水平方面，重点规划了富民优先提高生活质量、扩大中等收入人群比重、关心困难群体、完善社会保障体系、优先发展教育、积极发展卫生事业等与人民群众生活息息相关的内容。提出了到2010年，城镇居民人均可支配收入达到19000元，农民人均纯收入超过7500元，中等收入群体比重上升到40%左右，五年新增城镇就业400万个，城镇登记失业率控制在4.5%以内，城镇基本养老保险、失业保险和基本医疗保险覆盖面均达到95%以上、基本普及高中阶段教育、高等教育毛入学率达到40%、人均预期受教育年限达到13年以上、率先基本实现教育现代化、卫生服务体系健全率达到90%、新型农村合作医疗保险参保率提高到90%等目标和任务。

——在构建和谐社会方面，规划了建设文化大省、强化社会公共管理、加强精神文明和民主政治建设、加强法治江苏、平安江苏和诚信江苏的建设等，提出了到2010年，居民文教娱乐服务支出占家庭消费支出的比重达到18%、人民群众对社会治安的满意率达到90%以上，全省事故起数和死亡人数每年下降2.5%等目标和任务。

（二）明确以提高产业竞争力、统筹城乡发展、促进区域协调为发展的重点任务

——在提高产业竞争力方面，重点规划了发展高效农业、先进制造业、现代服务业的方向、重点和政策取向，提出了调强第一产业发展能力，加快传统农业向现代农业转变；调优第二产业结构，提升制造业发展质量；调高第三产业比重，加速发展现代服务业。通过专业化和深加工，不断提高增加值率，形成以高新技术为主导、高效农业为基础、先进制造业为主体、现代服务业为支撑的产业发展新格局。到2010年，全省地区生产总值达到29000亿元，人均地区生产总值在2000年基础上增加2倍左右，总增加值率提高到35%左右，服务业增加值比重和从业人员比重在2005年基础上分别提高5个百分点等目标和任务。

——在统筹城乡发展方面，提出坚持走“以工业化致富农民、以城市化带动农村、以产业化提升农业”的新型“三农”发展道路，加快建设社会主义新农村，有序推进农村人口城镇化，在城乡就业、市场、社会保障和规划等方面加大统筹力度，加快城市化和城市现代化步伐，增强城市综合功能和城市管理水平，优化城镇体系布局，建立以工促农、以城带乡的长效机制，促进城乡统筹协调发展。到2010年，城市化水平

达到55%以上，新建和改造农村公路4万公里，农村自来水普及率达到98%以上，改厕率、河道清淤完成率均达到80%以上，大部分农村地区基本建成公共服务设施完善、人居环境良好的新型农村社区。

——在区域共同发展方面，提出以促进区域协调发展、努力缩小地区差距作为江苏经济社会发展的重要战略任务，按照不同区域社会成员都享有均等化的公共服务的要求，赋予区域发展新的内涵，形成区域之间协调发展的新格局。一是优化生产力布局，以沿江开发为重点，全面推进沿沪宁线、沿东陇海线、沿海等区域开发，推动生产力布局进一步优化，促进区域协调发展；二是加强区域分类指导，坚定新型工业化第一方略，加快苏北振兴步伐；抓住沿江与沿海开发的重大机遇，推动苏中快速崛起；以提高苏南产业竞争力、科技竞争力、环境竞争力为目标，强化苏南发展的先导和带动作用；三是构建空间开发新格局，明确空间功能分区，按照优化开发区域、重点开发区域、限制开发区域和禁止开发区域，在土地、人口、财政、产业及资源配置等方面实施差别化的区域政策，推动区域共同、协调发展，努力形成区域之间协调发展的新格局。

（三）明确以推进增长方式转变作为发展的根本途径

以强化自主创新、加快人才强省建设、建立完善的社会主义市场经济体制、提高对外开放水平、建设资源节约型社会和环境友好型社会等为抓手，推进经济增长方式的根本性转变，实现经济社会全面协调可持续发展。

——强化自主创新。规划了推进科技创新重点跨越、促进企业成为技术创新主体、开放式配置科技资源、全力打造科技创新高地、完善科技创新公共服务、建立多元化科技投入机制、加大知识产权保护力度等，促进江苏经济结构调整和产业全面升级。提出到2010年，自主创新体系初步建立，全社会研发投入占地区生产总值的比例提高到2%以上，企业研发投入占全社会研发投入的比重提高到75%左右，专利授权量达到3万件以上，专利总量居全国前列，高新技术产业产值占规模以上工业产值的比例达到30%左右等目标和任务。

——人才强省建设。重点从培养人才、引进人才和使用人才三个方面提出建设人才强省的目标和任务，明确要加快党政人才、企业经营管理人才和专业技术人才三支队伍建设，实施一批人才培养和培训计划，实施紧缺人才引进计划，建立以能力和业绩为导向的人才评价机制和体现科学发展观与正确政绩观要求的党政领导干部综合考核评价体系，积极推进人才柔性流动等。

——建立完善的社会主义市场经济体制。规划提出以行政管理体制改革、健全现代市场经济体系和完善所有制改革为重点，推进政府管理体制、投资体制、财税金融体制、价格体制和事业单位的改革，发展、规范、完善资本、土地、技术、人力资源等市场，发展行业组织和中介组织、规范市场秩序，推进公有制经济改革，着力发展民营经济等。

——提高对外开放水平。规划提出要积极推进产品、产业、资本和人才的国际化，促进开发区集聚集约发展，加快建立能够参与国际产业水平分工生产体系、面向国际市场的营销体系和与国际惯例接轨的商务服务体系，到2010年，全省进出口总额和外商直接投资总量保持全国领先，服务业利用外资比重超过全国平均水平。

——建设资源节约型和环境友好型社会。规划提出实现“十一五”时期经济发展的目标，必须建立在节约资源、降低消耗、减少污染的基础上，提出“十一五”全省万元地区生产总值能源消耗力争比“十五”期末降低20%左右，耕地保有量控制在470万公顷，主要污染物排放总量在2005年基础上减少5%左右，万元地区生产总值水耗减低到250吨，工业用水重复利用率达到70%，城市污水处理率超过85%，城市生活垃圾无害化处理率达到80%，主要城市空气环境质量达到二级标准的天数增加10%左右，城市建城区绿化覆盖率达到40%左右，森林覆盖率达到20%左右等一批目标，这些目标都是约束性的，各级政府和各部门必须下大力气确保完成。规划同时还分别从节地、节能、节水、节材、资源综合利用、流域水环境整治、区域大气环境治理、城乡环境污染治理、建设绿色江苏、完善环境管理体制、发展循环经济、加强资源管理等方面提出完成上述目标的任务、措施和举措等。

为了增强规划的操作性和可实施性，规划提出了要组织实施12项事关江苏发展全局的重大基础设施和公共服务工程，主要有：现代综合运输体系工程、能源建设和保障工程、信息化建设工程、防洪减灾和水资源保障工程、生态省建设工程、科技创新工程、人才强省和教育现代化工程、医疗卫生服务和食品药品安全体系建设工程、劳动和社会保障体系工程、文化大省建设工程、农业支持和保障工程、突发公共事件应急体系工程。

访谈记者：中国经贸导刊杂志社　李苏洋

2019年6月11日

钢铁工业“十三五”中期回顾与“十四五”发展展望

访冶金工业规划研究院院长、党委书记　李新创

问：随着2018年中国钢铁去产能目标任务的完成，钢铁工业进入“十三五”后期，正处于由数量发展时期向高质量发展时期转变的关键阶段。您认为“十三五”规划以来，在供给侧结构性改革战略部署的正确引导下，中国钢铁工业是如何化解难题、改革发展取得了哪些成就?

答：一是供给侧结构性改革统一了思想认识，明确了对钢铁产能严重过剩的判断，坚定了壮士断腕去产能的决心。在推进供给侧结构性改革之前，关于钢铁产业是否产能过剩？产能过剩是全面过剩、绝对过剩，还是结构过剩、阶段性过剩？存在很多不同的认识，有些认为本地、本企业有优势有条件继续上项目做大产能，有些认为“钢铁产能过剩只是一个传说”，有些认为违法违规产能“存在就是合理的”，有些认为“产能过剩是正常现象”不必大惊小怪。供给侧结构性改革“去产能”的推进实施，给以上错误的认识、行为画上了休止符，使方方面面的思想、目标和行动统一到中央正确的决策部署上。

二是供给侧结构性改革切实解决了困扰钢铁行业多年的“地条钢”问题。“地条钢”产品差、质量不稳定，存在极大的使用安全、生产安

全隐患，“地条钢”企业经营不规范，严重扰乱正常的市场竞争秩序。尽管“地条钢”早在20年前就被列为淘汰对象，但由于种种原因，这一问题长期以来不但没有得到解决，反而堂而皇之越做越大、愈演愈烈，甚至不少“地条钢”企业取得了生产许可证、披上了合法的外衣，大有喧宾夺主之势。供给侧结构性改革“去产能”的推进实施，以雷霆万钧的力量，查处了700多家涉及“地条钢”的企业，约1.4亿吨的产能已全部拆除、查封，有效净化了市场竞争环境。

三是供给侧结构性改革“去产能”实实在在压减了中国过剩的钢铁产能。钢铁行业在“十二五”期间淘汰落后炼钢产能9480万吨的基础上，2016—2017年累计退出粗钢产能超过1.2亿吨，2018年超额完成压减钢铁产能3000万吨的任务，也即自《关于钢铁行业化解过剩产能实现脱困发展的意见》（国发〔2016〕6号）发布以来，中国压减粗钢产能超过1.5亿吨（不含地条钢），到2018年年底，已提前完成“十三五”确定的钢铁去产能1.0亿～1.5亿吨的上限指标。与此同时，粗钢产能利用率大幅上升，积极地朝着合理区间逐步回归。

四是供给侧结构性改革为解决全球钢铁过剩问题做出了中国贡献、提供了中国智慧。中国推进供给侧结构性改革，实施钢铁“去产能”，彰显了世界第一钢铁大国的担当，树立了负责任大国的国际形象。作为世界第一钢铁生产消费大国，中国钢铁产业在全球具有举足轻重的影响力，面对钢铁产能过剩这一全球性的国际化问题，中国毫不回避、勇于承担、率先发力，发挥中国特色社会主义市场经济制度的优越性，以全新的理念、统筹的安排、卓越的组织、周密的部署和高效的行动，在世界工业史上前所未有地促使以亿吨计的过剩钢铁产能稳步退出，提出并参与创建了G20钢铁过剩产能全球论坛，为全球化解钢铁产能过剩矛盾做出了表率。2016年，全球粗钢产量16.285亿吨，产能利用率69.3%，中国压减过剩钢铁产能6500万吨以上，对提高全球钢铁产能利用率的贡献是1.9个百分点，而除中国外其他地区的贡献是-2.3个百分点。2017年，全球粗钢产量16.912亿吨，产能利用率70.9%，中国压减过剩钢铁产能5000万吨以上，对提高全球钢铁产能利用率的贡献是1.5个百分点，而除中国外其他地区的贡献是-2.6个百分点。

五是供给侧结构性改革推动钢铁企业树立了新发展理念，依靠创新驱动提升有效供给。河钢集团收购斯梅代雷沃钢厂，迈出了国际化的坚实步伐。宝钢、武钢合并为中国宝武集团，实现了中国钢铁产业破局性的重组，将对中国乃至世界钢铁竞争格局产生深远影响。马钢、太钢研发的时速350公里高速动车组轮轴材料完成60万公里运行考核，奠定高铁轮轴国产化基础。鞍钢打破中国双相不锈钢板宽幅极限，实现中国核电关键设备与材料国产化、自主化。兴澄特钢250毫米厚度EH36钢板，成功应用于中国“海洋石油162”首座移动式试采平台，打破国外垄断。“十三五”至今，中国共有282项产品的实物质量达到国际同类产品实物水平，为行业优质产品，被授予“金杯奖”称号；共有20项产品实物质量达到国际先进实物质量水平，为行业产品标杆，被授予“特优质量奖”称号。

六是供给侧结构性改革有力抑制了违法违规的新增钢铁产能项目。曾几何时，钢铁产业几度陷入了项目越限越多、产能越关越大的怪圈，国家明文规定的钢铁产业政策、规划、标准和规范等，在一批又一批的违法、违规钢铁项目面前没有太多约束力。供给侧结构性改革“去产能”的推进实施，有效关住了新增产能等违法违规项目进入钢铁产业的大门，真正管住了扩大产能的源头。

七是供给侧结构性改革促使钢铁行业效益大幅回升，市场信心显著增强。随着市场需求企稳以及钢铁产能的压减，钢铁行业经营状况持续改善，市场信心明显增强。2016年中钢协会员钢铁企业实现盈利304亿元，同比扭亏增盈1083亿元，钢材综合价格指数由年初的56.37点上涨到99.51点；2017年，中钢协会员钢铁企业实现工业总产值3.04万亿元，同比增长32.76%；实现销售收入3.69万亿元，同比增长34.05%；累计盈利1773.36亿元，同比大幅增长613.57%；2018年，中钢协会员钢铁企业主营业务收入4.13万亿元，同比增长13.8%；实现利润2863亿元，同比增长41.1%，利润率达到6.93%。

《钢铁工业调整升级规划（2016—2020年）》（以下简称《规划》）提出了总体目标，即到2020年钢铁工业供给侧结构性改革取得重大进展，实现全行业根本性脱困，产能过剩矛盾得到有效缓解，粗钢产能净减少1亿~1.5亿吨。该总体目标基本已经提前完成，全行业实现脱困发展。“十三五”时期钢铁工业调整升级的17项主要指标完成情况，已实现5项，可以完成4项，有望完成3项，难以完成5项，而且难以完成的指标对钢铁行业竞争力提升至关重要。预期总的目标完成率为71%。

问：目前，中国钢铁工业的发展面临何种形势，有哪些机遇和挑战？

答：

（一）中国钢铁工业发展阶段判断

中国钢铁工业发展可归纳为“两个时期、五个阶段”：第一个时期是数量阶段，包括增量阶段、减量阶段；第二个时期是高质量时期，包括重组阶段、低碳阶段，两个时期中间有个过渡阶段，即强化环保治理阶段。从这个大的发展规律来看，目前钢铁行业发展正处于数量时期的减量阶段、高质量时期的重组阶段和中间过渡的强化环保阶段的三期叠加，正是承上启下的重要节点，减量、环保都取得了积极进展，重组成为关键所在，将决定能否实现由数量时期向高质量时期的平稳过渡。

（二）中国钢铁工业发展面临挑战

随着中国社会主要矛盾的转变，对钢铁行业发展也提出了新的更高要求。长期困扰钢铁行业健康发展的深层次矛盾尚未有效解决，在防范新增产能、推进兼并重组、强化绿色发展、提升创新能力等方面，钢铁产业仍然任重道远。

一是新增产能和“地条钢”死灰复燃风险犹存。随着行业形势趋好，市场新上钢铁项目的动力强劲，部分地区防范“地条钢”死灰复燃的压力很大。能否控制新增产能和“地条钢”死灰复燃，事关供给侧结构性改革去产能的成败，必须高度重视，保持高压态势。同时，依法依规、实事求是科学界定“地条钢”，加强监管，积极引导合法规范产能有序释放，确保市场供需基本面稳定。

二是推重组促转型任务仍很艰巨。从2005年《钢铁产业发展政策》发布，到2010年的《国务院关于促进企业兼并重组的意见》、2013年的《关于加快推进重点行业企业兼并重组的指导意见》、2014年的《国务院关于进一步优化企业兼并重组市场环境的意见》、2016年的《国务院关于钢铁行业化解过剩产能实现脱困发展的意见》和《关于推进钢铁产业兼并重组处置僵尸企业的指导意见》以及历年的钢铁行业发展规划等一系列钢铁产业政策，均提出了推动钢铁行业兼并重组，提高钢铁产业集中度的要求。尽管中国钢铁行业通过兼并重组，出现了中国宝武、河钢、鞍钢、首钢、山钢、沙钢等一大批钢铁企业集团，但从前十名钢铁企业的集中度来看，一直处于较低水平，2018年CR10为35.2%，又跌回“十三五”初期，距离国家提出的60%目标依然十分遥远，不利于钢铁行业有序发展。

三是钢铁企业环保问题尚未充分解决。当前，中国钢铁行业环境问题并未得到根本转变，氮氧化物排放量大、无组织排放严重、运输环节仍然以汽车为主，污染治理设施水平依然低下等问题仍很突出。受环境约束日趋强化，钢铁工业低碳绿色发展也面临着新的困难和挑战，京津冀及周边地区、长三角、汾渭平原等重点区域的环境容量和承载力制约越来越大。特别是在长三角等地区钢产量仍在增加，环境质量恶化趋势明显。河钢、太钢、德龙等钢铁企业位居世界最清洁钢铁企业之列，一批企业建成了绿色工厂，但仍有部分钢铁企业的环境治理不容乐观。污染较为严重区域大都拥有钢铁企业，钢铁企业污染物控制水平参差不齐，重点区域企业的污染物减排仍难以满足国家新要求。

四是自主创新水平仍有待提高。近几年，中国钢铁企业创新意识不断增强，研发投入持续增加，以中国宝武、中信泰富、南钢等为代表的钢铁企业研发投入占主营业务收入比重普遍超过了1.5%，但距日本等国际领先钢铁企业近3%的比例仍有差距；2017年黑色金属冶炼及压延行业研发投入占比仅为0.99%，差距更大。钢铁工业技术创新的自主性、协同性、系统性、稳定性、持续性仍有不足，在技术供给上仍不能完全满足行业发展需求。部分核心工艺技术不掌握，尚未摆脱关键、核心技术追随者的角色，虽然目前大型冶金设备国产化率按重量可达90%以上，但关键、核心技术仍在依靠进口。因此，未来很长时间，中国钢铁企业仍须提高创新意识，强化创新体制机制，加大研发投入，提高创新能力。

问：“十三五”规划末期及未来的“十四五”规划期间，中国钢铁工业应如何实现高质量发展？

答：面临新形势、新挑战，未来中国钢铁工业要真正实现高质量发展，至少要过“五关”、斩“六降”。

“五关”即产能关、布局关、绿色关、质量关和效率关。

一是过“产能关”。要坚决巩固去产能成果，建立防范产能过剩长效机制，钢铁工业的这次复苏和以前不一样，以前历次复苏，多是主要由于拉动固定投资、消费增长的周期性需求提升，带动钢铁复苏，这次是主要由于压减产能、环保倒逼的结构性供给升级，如果沾沾自喜，不利用当前良好势头进行钢铁行业结构调整，及时巩固取得的去产能成果，那么钢铁行业很可能将像以往一样再次陷入困局，不但之前下大力气去产能的成绩前功尽弃，未来再调整的难度也将更大，甚至遥遥无期。

二是过“布局关”。随着去产能、环境治理的深入推进，一些地方着力推动特定区域的钢铁企业搬迁或关停，主要包括城区钢厂、城市周边钢厂、大气污染运输通道城市钢厂、沿江（湖）钢厂等类型。但对于城市钢厂搬迁不能以放代管、以搬代管，不能违背钢铁产业发展规律盲目调整布局；不宜一刀切推进钢企搬迁，应分类施策、区别对待，对于达到超低排放标准要求的企业，不停不限不搬。钢铁产业布局还应全国一盘棋，根据法律法规、产业发展条件和科学规律，从全局和长远考虑，从国家层面制定钢铁产业的生产力布局规划，一些地方为重点区，一些地方为优化区，一些地方为限制区，在产业边界条件、发展方向上设置标准，避免产业乱布局的情况继续发展下去。

三是过“绿色关”。大力推进钢铁企业超低排放改造，针对有组织排放，要制定企业自身的环保战略，明确未来的治理目标，确保新改造的治理设施至少十年不落后，避免环保设备的重复投资。针对无组织排放，应该对全场无组织产生环节进行全面逐一排查，查缺补漏，最终采取智能管控平台的方式实施无组织管控，实现管控治一体化。同时，不仅在末端采用治理设备，还要在工艺阶段实施源头减排，减少污染物的生成量，实施源头减排。此外，以市场化手段推动钢铁企业节能低碳发展的进程将进一步加快，碳市场等市场化机制的推动作用将日益凸显，必须构建好“以碳生产效率为核心的数据平台+目标体系+实施路径+评价机制”一体化全方位的低碳化发展体系，有效引导企业低碳转型、高质量发展。

四是过“质量关”。向国际领先看齐，大幅提升产品质量水平，尤其是高端产品的质量稳定性、一致性。首先，要建立质量分级体系。推动质量分级与产品标准、计量测试、检测、认证技术的有效衔接，鼓励围绕应用需求、重点产品质量分级等制定团体标准。其次，要发挥市场机制作用，推动质量检测和认证资源的整合优化，重点培育权威的从事质量分级评价的认证机构，推动建立主要原材料产品质量分级发布机制。再次，要加强评价结果应用，发挥行业协会、认证机构作用，定期发布原材料产品质量分级评价、认证结果，加强行业自律和社会监督。研究推动质量分级评价、认证结果的市场化采信机制，引导企业提升产品质量和品牌，培育“优质优价”的市场环境。

五是过“效率关”。首先，要紧抓“智能+”机遇，深入实施钢铁智能制造，推动有条件的钢铁企业完善基础自动化、生产过程控制、制造执行、企业管理、决策支持五级信息化系统建设。引导先进钢铁企业建立大数据平台，在钢铁制造全流程推广数字化、网络化，建立知识积累。支持钢铁企业在环境恶劣、安全风险大、操作一致性高等岗位实施机器人替代工程。促进工业互联网、云计算、大数据在钢铁企业研发设计、生产制造、经营管理、销售服务等全流程和全产业链的综合集成应用。鼓励钢铁企业建设关键装备智能检测体系，开展故障预测、自动诊断系统等远程运维新服务。其次，要更加关注新工艺、新技术、新装备带来的生产效率变革，如量子电弧炉技术、ESP无头轧制技术、超薄带技术以及氢冶炼技术等。

此外，要实现高质量发展，仅仅过“五关”还不够，更要斩“六降”，即降预期、降杠杆、降排放、降人员、降风险和降成本。一是降预期，摒弃暴利思维，扎实练好内功。二是降杠杆，降低负债率，优化债务结构。三是降排放，降低污染物排放和碳排放。四是降人员，通过智能化、加强培训，减少人员数量，大幅度提高效率，提高员工收入。五是降风险，降低战略风险、经营风险和管理风险。六是降成本，降低生产制造、销售等环节成本，使得成本效益最大化。

当前，钢铁行业发展处于数量时期的减量阶段、高质量时期的重组阶段和中间过渡的强化环保阶段的三期叠加，正是承上启下的重要节点，钢铁产业距离高质量发展的要求仍有一定的差距，未来应在以下方面继续努力：一是强化以用户为中心，提升产品质量，加强品牌建设，全方位满足乃至引领市场需求；二是推进钢铁企业绿色发展，从采购、制造、物流、产品生命周期等各个环节，协同打造绿色化产业，更好地融入社会发展；三是加强政策引导，以市场化方式提高产业集中度，促进市场有序竞争和良性发展；四是避免“一刀切”的城市钢厂搬迁，处理好国内和国际、市场和资源、城市和产业、人与环境等之间的关系，科学谋划钢铁产业布局；五是把握新一代技术革命历史机遇，深入、扎实推进钢铁智能制造，将钢铁企业生产经营融入智能产业生态圈。

访谈记者：中国经贸导刊杂志社　李苏洋

2019年7月9日

大国宏图：五年规划与国家治理现代化

访清华大学国情研究院副研究员、公共管理学院副教授　鄢一龙

问：今年是新中国成立70周年，如何认识中国的发展成就，在不同的历史时期，国家发展规划起的作用是什么？

答：新中国发展取得了巨大的成就，短短70年里完成了发达国家200多年走过的历程。1952年到1978年间年增长率达到了6.1%，1979—2018年经济增长率达到了9.5%，创造了人类经济增长史上规模最大、速度最快与持续时间最长的高速增长奇迹。同时，中国实现了经济、社会、政治、文化、生态的全方位发展，人口预期寿命从35岁提高到77岁，从70多年前的“东亚病夫”变成了屹立世界东方的世界强国。

国家发展规划在中国发展奇迹中扮演了重要的角色。第二次世界大战以后，发展中国家普遍采用国家发展规划作为推动工业化的手段，但是大部分国家没有坚持下来，而中国在其70年发展历程中，始终坚持国家计划（规划）制度，并持续地进行转型，从而成为推动国家发展的重要手段，当然不同时期国家规划发挥作用的方式不同。

第一阶段，建设时期的五年计划对于国民经济社会发展起到了大推动作用。新中国的工业化是从“一穷二白”起步的，中国的人均GDP只有119元，工业比重很低，资本极度匮乏，1952年人均储蓄只有1.5元，

中国不可能走西方发达国家走过的通过殖民、掠夺等方式来完成工业化原始积累的老路，只能依靠计划体制来集中全社会的有限资金来发动与推进工业化，使得中国经济发展突破低水平均衡陷阱。这一时期我们保持了很高的积累率，大量资金投入到增长的基础部门，对基础设施、工厂建设进行大规模投资，国家投入了7000多亿元资金，建设了3000多个大中型项目，这消除了增长瓶颈，促进了经济起飞；超越了简单的比较优势发展模式，在西方经济封锁的条件下，将重工业作为优先发展部门，建立了具有自主能力的独立完整的工业体系。推动了工业化快速发展，1953年到1978年间，工业年增长率达到了11.4%，工业比重每年平均提高1个百分点。最后，计划体制是“损有余补不足”的反向配置机制，能够引导有限的社会资源向弱势群体流动，通过粮食统购统销、农村合作医疗、普及初级教育等方式，在收入水平较低的情况下，很大程度解决了几亿人民的基本民生问题。

第二个阶段是改革开放初期的国家计划为市场经济转型提供了稳定机制。改革开放后，与苏联、东欧的前社会主义国家的“休克疗法”不同，中国走了一条渐进的市场经济转型道路。通过指令性计划、指导性计划、市场调控三条轨道并行，并逐步缩减指令性计划与指导性计划的范围，扩大市场调控的范围，逐步减少计划对于微观经济的直接干预，逐步向市场经济过渡。计划轨道为经济体制转型提供了稳定的机制，保障了关系国计民生的经济部门的稳定，避免了转轨国家普遍出现的恶性通货膨胀、商品短缺、国有资产大规模流失，经济增长出现漫长衰退期的“泪谷”。

第三阶段是进入社会主义市场经济体制时期，五年规划起到了发展调控的功能。五年规划不是凯恩斯主义经济学意义上的宏观调控工具，而是对于宏观调控起到战略导向功能的发展调控工具，为国家发展提供指引与调控的宏观框架。宏观调控主要针对的是成熟经济体的周期性波动，进行相机抉择的财政政策与货币政策调整，而发展调控则是综合运用目标治理、项目制、政策篮子等一揽子综合手段，对发展经济体的发展方向、速度与模式进行调控，以实现特定时期的发展目标。

五年规划的发展调控功能主要表现为以下三方面：第一，通过制定与贯彻发展理念来引领发展方向；第二，通过制定促进性发展目标、发展政策与发展项目来推动发展；第三，通过制定限制性发展目标、发展布局，划定发展底线来管理发展模式。

问：在市场经济条件下，规划机制如何与市场机制结合共同促进发展？

答：国家规划与市场机制一样，既是信息运用机制，也是资源配置手段。在市场经济条件下主要发挥三个方面的功能：第一，规划对于公共资源配置具有约束性功能。国家规划有约束性指标是政府履行职责的依据，规划制定的目标、任务与工程需要国家使用公共资源去推动完成。约束性规划使得政府能够优化公共资源的配置。

第二，规划对于关系公共利益的混合性资源配置具有引导功能。混合性产品虽然企业、个体是生产主体，但是具有国家战略意义，需要国家战略引导。例如通过规划引导基础设施投资、人力资本开发和产业结构调整等。最为典型的就是《中国制造2025》规划，制造业发展的主体当然是企业，但是规划制定了国家制造强国的路线图，并配置了相关资源，这将有力地引导企业、科研机构与个体的行为，形成战略合力。

第三，规划对于社会资源配置具有信号功能。五年规划的信号功能稳定了社会的预期，例如“十三五”规划出台之前，社会对于中国经济中长期增长前景看法很不明朗，规划一公布不低于6.5%的年经济增长率，就很大程度稳定了市场信心，因为改革开放以来，中国政府制定的经济增长指标没有未实现的。

“十三五”规划将规划的定位规定为三个方面：一是市场主体的行为导向；二是政府履行职责的重要依据；三是全国各族人民的共同愿景。这大体等同于我们说的市场经济条件下规划的三个功能。

问：规划干预会不会影响市场自发均衡呢？

答：市场均衡是有严格前提的，将时间变量、社会公平、自然环境、外部不确定性等因素加入之后，市场往往是不均衡的，同时均衡与不均衡又是动态转化、波浪式前进的，中国有国家发展规划能够弥补市场失灵，推动发展的更高水平的动态均衡。

综合平衡是国家计划的重要指导思想，陈云同志曾经提出国家计划需要财政、信贷、外汇和物资各自平衡又统一平衡的“四大平衡”思想。[①] 在市场经济条件下，国家规划不再进行综合平衡，但是仍需要考虑市场在宏观层面的失衡问题，引导推动经济发展实现更高水平的均衡，主要包括供需、时间、空间、生态、内外五大均衡，我们正在制定“十四五”规划，市场对于资源配置起决定性作用，规划要更好起作用，主要也是要把握好这五大均衡。

第一，供需均衡。市场并不能自发地实现总供给与总需求的均衡，

---

① 前三个平衡完整表述为：“只要财政收支和信贷是平衡的，社会购买力和物资供应之间，就全部来说也会是平衡的。”参见陈云：《建设规模要和国力相适应》（一九五七年一月十八日），《陈云文选》第3卷，第52—53页。后来陈云同志又有关于外汇平衡的论述，合为四大平衡。

这也是资本主义经济周期性危机的根源。规划通过发展战略选择能够促进总供给与总需求的平衡，拉动经济增长，降低经济增长波动性。改革开放初期，我国处于消费品短缺经济阶段，头几个五年计划大力发展农业、轻工业，满足了人民的消费需求。90年代末以后出现了消费品过剩，通过扩大投资，发展重工业，推动了新一轮的经济增长。“十三五”时期，通过推进供给侧结构性改革，削减了无效供给，提升了有效供给，促进了市场出清。“十四五”时期，中国有效需求不足成为突出挑战，需要通过积极政策扩大有效需求，以实现新的均衡。

第二，时间均衡。短期理性的事情，长期未必理性，反之亦然，短期的消费者利益最大化不等于长期的人民福祉最大化。与市场只关注短期不同，规划能够兼顾短期长期，实现时间均衡。规划体制使得中国政策能够长远谋划、长远布局，例如，改革开放前三十年的一代人通过节衣缩食，艰苦奋斗共同去建设一个强大的国防体系、独立完整的工业体系与国民经济体系，这为改革开放后四十年的中国成为世界工厂奠定了基础。“十四五”规划是强国阶段与迈向第二个百年目标的开局规划，需要前瞻性谋划一批为实现2050强国目标奠定基础的重大工程与制度安排。

第三，空间均衡。长期以来，国家计划就需要考虑人口、产业布局与资源空间分布的均衡，而主体功能区规划则在更大范围内考虑人口、产业、资源、生态等要素在空间上分布的均衡，将国土空间划分为优化开发、重点开发、限制开发与禁止开发。“十四五”空间均衡核心是要充分实现空间规划的基础作用，真正将不同类型规划的空间布局整合到统一蓝图中，实现有序的空间治理。

第四，生态均衡。自然生态系统的均衡经常被破坏，这主要是由于人类的过度开发活动造成，同时也有自然因素自身的作用，在恢复生态平衡上，市场机制是失灵的，需要用规划之手，积极加以引导。开发活动不能超越自然资源的承载力，逐步由以需定供转向以供定需，根据水、环境容量等自然要素供给能力来确定开发强度。从扩大生态赤字转向积极推动生态反哺，通过生态投资，实现生态保护、生态修复与生态建设。推动不同生态要素的均衡，构建山水林田湖草生命共同体。

第五，内外均衡。发展不但是国内市场的小循环，同时还有国内与国际的大循环，需要在全球范围内考虑供需均衡，外部宏观条件经常是不确定的，不能只依靠市场的力量，而是需要规划进行前瞻性地谋篇布局。例如“九五”计划以后我国就出现了国内资源短缺的约束，由资源净出口国变为净进口国，2000年就明确提出了充分运用国内国际“两种资源、两个市场”。今天，国内市场已经面临着严重的有效需求不足的问题，需要通过布局国内、国际两个生产、两个市场，推动国内、国际全球经济大循环：资源品—制造业的大循环，制造业—建设项目大循环，农产品、轻工业品—消费市场的大循环，生产服务业—投资贸易的大循环。

问：明年我国将制定“十四五”规划，对于“十四五”规划的发展思路，您有什么建议？

答：“十四五”规划是我国迈向强国阶段、迈向高收入阶段、迈向第二个百年目标的开局规划。发展是规划的永恒主题，而全面高质量发展则应是“十四五”规划的主题，要围绕着这一主题构思一篇新时代中国发展的大文章。

发展主题是全面高质量发展。不但经济发展进入高质量发展阶段，社会、生态、文化、国家治理体系都进入高质量发展阶段，不但宏观层面需要高质量发展，中观、微观层面也都需要推进高质量发展，由规模扩张的发展模式全面转向更加注重质量、效率、效益的发展。

发展主体是以“人民为中心”，高质量发展前提在于人民的高质量供给和与日俱增的需求，动力在于调动人民推动高质量发展的积极性、主动性与创造性，落脚点在于促进人的全面发展。

发展主线是深化供给侧结构性改革与创造有效需求相结合。高质量发展需要供给与需求两侧同步发力，从供给侧提升供给质量，同时，需要采取更积极政策扩大需求侧空间，以持续拉动经济增长。

发展理念是六大发展：以创新、协调、绿色、开放、共享和安全六大发展理念贯彻高质量发展主题。

发展意识要强化四个意识：“十四五”最大的机遇与挑战在于“第四次工业革命”与中美大战略博弈，面对百年未遇大变局，需要我们强化危机意识、底线意识、韧性意识、辩证意识。

发展动能是“新五化”。“十四五”时期经济仍将保持中高速增长，“新五化”将替代“老五化”（工业化、城市化、信息化、国际化、市场化）成为高质量增长的主引擎，包括：数字化与智能化、产业体系现代化、城市群化与城乡一体化、治理体系现代化、新型全球化。

发展布局是“六位一体”高质量发展：高质量经济发展、高质量社会发展、高质量文化发展、高质量生态文明建设、高质量国防建设。

发展项目重点要围绕强筋骨、破瓶颈、补短板、育优势进行布局。作为强国阶段的开局规划，“十四五”项目布局重点要强三大筋骨：经济发展筋骨、文化软实力筋骨、现代化治理体系筋骨；补三大短板：重大风险短板、民生短板、生态短板；破三大瓶颈：新旧动能转换瓶颈、自主创新瓶颈、走出去瓶颈；创四大新优势：世界一流企业和品牌、世界一流大学和一流学科、世界一流人力资源与人才队伍、世界一流科技创新体系。

此外，国民经济和社会发展五年规划的名称已经难以涵盖五年规划所包含的经济、社会、文化、生态、国防、国际等方面的内容，建议“十四五”规划更名为中华人民共和国第十四个国家发展五年规划，以更加名副其实。

访谈记者：中国经贸导刊杂志社　李苏洋

2019年10月17日

区域协调发展
——新中国谋篇布局70年

访国家发展改革委原副秘书长　范恒山

问：在我国政策体系中，区域政策处于什么样的位置？

答：新中国成立70年来，区域政策一直处于国家政策的重要位置。尤其是党的十九大，把促进区域协调发展及其政策放到了前所未有的高度。区域协调发展战略成为国家明确的七大战略之一，区域政策与财政、货币、产业政策一道成为国家重要的经济政策，实施区域协调发展战略作为“贯彻新发展理念、建设现代化经济体系”的重要支撑做了专门部署。

国家出台很多政策，最终都要落到区域板块上，如果不落到区域板块上，就变成了“一刀切”。同时，国民经济是各个地区经济的总和，没有地区的发展就没有国家的发展。国家的发展不是空中楼阁，只有每一个地区的活跃发展，才有我们国家经济的活跃和发展。

因此，我国区域政策的核心是分类指导、因区制宜，把各个地区的比较优势发挥出来，就等于把这个地方最核心、最具潜能、最好的东西发挥出来了，对于全国来讲，各个地区最好的东西发挥出来，全国的整个能量就发挥出来了。

问：新中国成立70年来，我国区域政策主要在解决什么问题？经历了怎样的发展过程？

答：区域政策因解决区域问题而存在。区域问题反映在很多方面，而几乎所有的国家和地区，都不同程度地存在区域问题，但在大国表现得格外明显。区域问题的核心是区域间发展差距过大问题。新中国成立70年来，围绕缩小地区差距，国家出台了一系列政策，做了大量艰苦而富有创造性的工作。回溯这个过程，大体经历了四个阶段：

第一阶段，从新中国成立初期到改革开放前，是平衡工业布局，推动我国工业布局由沿海向内地扩展的阶段。理论界一般称这一阶段为生产力均衡布局或区域均衡发展阶段。

为了改变旧中国遗留下来的工业基础薄弱、沿海与内地布局畸轻畸重的格局，同时，鉴于新中国成立初期的国际政治环境和出于战备的考虑，当时工业布局的指导思想是，利用沿海的基础和适当利用外援，促使工业布局向内地推进，形成全国工业布局相对均衡，各大经济协作区自成体系、相互促进的格局。

毛泽东同志在1956年的《论十大关系》中明确指出："沿海的工业基地必须充分利用，但是，为了平衡工业发展的布局，内地工业必须大力发展。"在这一战略思想指导下，这一时期的投资明显向内地倾斜。

这一阶段由于国家投资的地区布局由沿海转向内地，有力地推进了内地的工业化进程，使旧中国遗留下来的工业布局极不平衡的格局得到初步改观。直到现在，内地的发展都有赖于这个基础。

第二阶段，从改革开放初到20世纪90年代中后期，是沿海地区率先发展阶段。理论界一般称这一阶段为梯度推进阶段。

改革开放后，根据邓小平同志关于"让一部分地区、一部分人先富起来，逐步实现共同富裕”和“两个大局”的思想，通过设立经济特区、开放沿海城市等一系列对外开放措施，形成了沿海地区先走一步、率先发展，进而带动内地发展的格局。

沿海地区的率先发展，带来了我国总体经济实力的快速上升，为实现预期的“分步走”战略目标，使人民生活达到小康水平做出了重大贡献。但由于发展基础差别、政策吸引效应、市场驱动效应等的影响，中西部地区与东部地区发展速度的差距快速拉大，到“八五”时期，形成一个顶点。

第三阶段，从20世纪90年代中后期到现在，是我国区域协调发展总体战略初步形成并不断完善的阶段。理论界一般称这一阶段叫趋向协调或注重协调阶段。

20世纪90年代中期，针对地区差距带来的突出矛盾，党的十四届五中全会提出把缩小地区差距作为一条长期坚持的重要方针，要求“从‘九五’开始，更加重视支持中西部地区经济的发展，逐步加大解决地区差距继续扩大趋势的力度，积极朝着缩小差距的方向努力”。

根据这一指导思想，1999年中央做出了实施西部大开发战略的决策，2003年中央决定实施振兴东北地区等老工业基地的战略。党的十六届三中全会以来，中央提出了树立和落实科学发展观，构建社会主义和谐社会等重大战略思想，进一步明确了促进区域协调发展必须长期坚持的指导原则和奋斗目标。2006年中央发布了《关于促进中部地区崛起的若干意见》。至此，国家关于促进区域发展的总体战略体系初步形成。

随着这些重大战略的实施，区域差距扩大的趋势得到有效遏制，区域发展的协调性不断增强。数据表明，“九五”“十五”时期，东中西经济增长速度差别已大大缩小，而到“十一五”后期，中西部地区和东北地区的增长速度已超过东部地区，实现了增长格局的革命性转变。

第四阶段，党的十八大以来，区域战略进一步创新突破，分类指导与协同联动一体推进。理论界一般称这一阶段为综合协调或协同发展阶段。

党的十八大以来，国家高度重视区域发展，把缩小地区差距、形成区域发展新格局放在前所未有的高度。在继续实施区域发展总体战略的基础上，推出了一系列促进地区协同发展的重大战略，采取了一系列重大创新性举措，开创了我国区域发展的崭新格局。

问：党的十八大以来，我国区域政策和战略精彩纷呈，主要有哪些重大发展和突破？

答：我认为，可以从如下几个方面来认识十八大以来的创新突破：

一是把协调发展作为治国理政的基本发展理念。党的十八大以来，党中央在治国理政中的一个重大建树是提出了创新、协调、绿色、开放、共享的新发展理念。而促进区域协调发展是协调发展理念的一项核心内容。其要义是，牢固树立不断促进区域协调发展的思想，把缩小地区差距作为一项需要持续推进的重大任务，着力解决区域发展中存在的突出问题，推动落后地区加快发展，促进关键领域“填平补齐”。积极探索抑制地区差距扩大、解决区域发展不平衡的制度举措，通过市场和政府的有机协同，形成动态促进区域协调发展的体制机制。

二是着力推动重点地区协同联动发展和一体化建设。党的十八大以来，陆续提出了“一带一路”建设、京津冀协同发展、长江经济带发展、粤港澳大湾区建设和长三角区域一体化发展等重大战略，通过区域一体联动和协同运作，促进区域协调发展，提高整体竞争能力。在这些重大战略的牵引下，以沿海沿江沿线经济带为主的纵向横向经济轴带正在全面形成，有利地支撑了中国经济稳中向好发展。

三是深入实施区域发展总体战略。创新区域发展政策，完善区域发展机制，进一步促进东中西和东北四大区域板块发挥比较优势，实现各具特色的高质量发展。继续把推进西部大开发放在优先位置，加强基础设施建设、先进产业形态培育、生态环境保护，促进各种所有制经济共同发展。这些年西部地区经济一直保持着良好的发展势头。大力推动东北地区等老工业基地振兴，坚持问题导向，着力推动体制机制改革、经济结构调整、创新体系建设和营商环境改善，构筑持续发展的基础与条件。目前东北地区经济已处于筑底回升过程之中；大力促进中部地区崛起，充分发挥区位、科技、市场等优势，加快培育现代经济体系，构筑内联外通的开放格局。近几年来，中部发展显示出强劲的活力，近两年更是跃居四大板区域块增长之首，成为全国经济平稳发展的重要支撑力量；与此同时，积极支持东部地区率先发展，继续在改革创新与合作开放方面走在前列，成为国家高质量发展的动力源和示范带。

四是大力实施脱贫攻坚战略。十八大以来，党中央把坚决打赢脱贫攻坚战提升到事关全面建成小康社会奋斗目标的新高度，出台了一系列重大政策措施，举全党全国之力实施脱贫攻坚，推动扶贫开发取得了显著成就。经过努力，按现行标准计算的农村贫困人口已从2012年末的9899万人减少到2018年末的1660万人。

五是扎实推进新型城镇化建设。确立了以人的城镇化为核心、以城市群为主体形态、以城市综合承载能力为支撑、以体制机制创新为保障的建设思路。提出着重解决好“三个1亿人”问题，即促进约1亿农业转移人口落户城镇，改造约1亿人居住的城镇棚户区和城中村，引导约1亿人在中西部地区就近城镇化。2018年年底，全国户籍人口城镇化率、常住人口城镇化率分别达到43.4%和59.58%，比2012年末分别提高8.1和6.98个百分点。

六是充分发挥重大功能平台试验探索、引领促进和辐射带动作用。建立自由贸易试验区，在构建开放型经济新体制、建设国际化市场化法治化营商环境等方面先行先试。目前，已在18个省份建立了自由贸易试验区；充分发挥新区作为深化改革开放重要试验田和落实新发展理念重要示范区的独特作用。除基于京津冀协同发展所设立的河北雄安新区外，国家级新区已发展到18个。此外还根据改革开放和现代化建设的要求，在不同领域设立了一些各具特色的示范区和试验区。这些功能平台成为风险测试和道路探索的重要基地，也成为引领结构调整和高质量发展的有效载体。

七是扶持特殊类型困难地区转型发展。进一步加大政策支持力度，推动特殊类型困难地区跨越发展、转型提升，着力补齐区域发展短板。主要包括：支持革命老区开发建设，推动民族地区健康发展，推进边疆地区开发开放，大力支持资源枯竭城市转型发展，积极推进独立工矿区改造提升，促进生态严重退化地区保护发展。通过国家政策的强力推动和地区间的对口帮扶，许多特殊困难地区实现了转型发展，迈入了发展的新轨道。

问：您能否谈谈，70年来，促进区域协调发展有哪些行之有效的工作路径？

答：70年来促进区域协调发展的工作路径是卓有成效和丰富多彩的。这些路径探索又与各个时期的工作重点和矛盾焦点紧密相连，很难做全面的完整的概括。纵观70年发展的大脉络，重点结合20世纪90年代中期以来着力缩小地区差距、促进区域协调发展的工作实践，我以为有这样一些行之有效的路径和方法需要加以重视和持续坚持。

其一，要坚持分类指导。分类指导是促进区域协调发展的最重要的思路与原则。只有分类指导才能提高区域政策的针对性和有效性，消除地区发展的瓶颈制约；才能充分发挥各个地区的比较优势，增强区域的核心竞争力；才能形成合理分工基础上的有序发展，促进区域一体化。中国幅员广阔、地区差异很大，必须实行因地制宜、分类指导。重点要抓好两个方面：一方面，要继续立足于四大区域板块的基本情况和实际需要，更加有针对性地采取政策举措；另一方面，要着眼于细化区域规划的空间板块，进一步缩小区域政策单元。这一点很重要。尽管我们有四大板块划分，但每个板块的空间面积仍然是很大的，例如西部占国土面积超过70%，在这样大的一个空间里实施一个政策，也是不精准的不科学的，是缩小了的“一刀切”。所以要进一步缩小区域的政策单元。一般而言，区域板块越细分，区域规划的指导性、针对性就越强，也越能精准地发挥各个地区的比较优势，解决其所面临的瓶颈制约。“十一五”以来，国家出台了上百个重大的区域战略文件、规划和方案，在一定程度上实现了对四大区域板块空间指导的细化、实化和深化，其实施效果都比较明显，有力地促进了区域协调发展和地区增长，实践也表明，规划所涉及的区域空间板块越大，它们的实施政策的强度就越低，落实规划的力度就越弱，相应产生的效果也就越小。因此，要在对四大区域板块分类指导的基础上，进一步细化区域空间划分，并根据这些细化区域的实际需要来细化政策指导。

其二，要促进一体联动。一体联动是促进区域协调发展的重要路径和有效手段，能够克服各自地域和条件的局限，实现资源要素的取长补短、优化配置，并有效拓展发展的空间；能够克服不良竞争，实现错位发展、协调发展，做强做大比较优势；能够聚集优良资源要素，以区域的最高水准形成创新力、创造力；还能够将先进地区的思想理念、管理方式、先进技术、优秀人才以及高水平的公共服务等通过适当形式传输到同一区域里相对落后的地区，提升这些地区追赶的速度和质量。当前要在两个方面下功夫：一是要实施好一些重大的一体联动协同发展战略。二是要推动各个地方深入开展各种形式的开放合作。过去一些年来，各地基于优势互补的各种形式的合作由浅入深逐渐拓展，取得明显成效和丰富经验。应认真总结和运用已有的好经验和做法，深入开展各种形式的合作，从基础设施建设和资源要素自由流动等基础性、关键性方面入手，促进全方位、多层次、多领域的合作联动，并以此为基础推进区域一体化进程。

其三，要加强重点攻坚。对于促进区域协调发展而言，这既是突破难关，也是克服瓶颈，能起到事半功倍的效果。当前要突出抓好两个重要方面：一是坚决打赢脱贫攻坚战，特别是攻克深度贫困堡垒。贫困人口是协调发展的突出短板，这最终决定是否能够打赢脱贫攻坚战，是否能够建立起经得起评价和检验的全面小康社会。具体操作上要做到三个结合：把扶贫同扶智、扶志结合起来；把“输血”和“造血”有机结合起来；把发挥现实的比较优势与培育新的发展优势结合起来。二是大力推进城乡融合发展。当前我国城乡二元结构仍然较为固化。为此，一要把工业与农业、城市与乡村、城镇居民与农村居民作为一个整体统筹谋划、制定相关规划；二要切实改变城市依靠优势地位不断吸纳农村低廉的资源要素的状况，充分发挥政策调控作用，推动资源要素在工农之间、城乡之间自由平等交换；三要完善并实施好承包地“三权”分置制度。这一制度是继联产承包责任制之后又一次重大制度创新，既有利于发挥人的积极性，又有利于发挥物的积极性，为规模化、机械化大生产方式及先进科技、优势市场主体进入农村、服务“三农”创造了条件，应当大力推行。

其四，要强化平台支撑。各类功能平台是探索科学发展路径、促进区域协调发展的重要载体和有力支撑。进一步推进重要平台建设：一是优化功能平台的空间设置。充分考虑不同地区的发展重点和实际需要，科学统筹国家级新区、自由贸易试验区、综合配套改革试验区、开放发展试验区、自主创新示范区等各类平台的布局，进一步向中西部和东北地区倾斜以带动其加快发展。二是强化功能平台的实验功能。突出先行先试特质，围绕破解重大体制机制障碍、探索协调发展路径等核心目标。三是释放功能平台的辐射效应。重点是加强功能平台与周边地区的联动。四是促进功能平台间的协调联动。在优化布局的基础上促进各类平台之间的功能耦合，实现点、线、带、面间的连接互动。

其五，要健全协调机制。这是促进区域协调发展的根本保障。当前应着力在如下方面做好文章。建立生态环境保护补偿机制，实现重点领域、重点区域、重点流域生态保护补偿的全覆盖；建立粮食等重要农产品生产利益补偿机制，切实解决当前存在的“生产是重地、财政是穷地、发展是洼地”的问题；建立资源开发补偿机制，通过建立专项基金、协作共建产业园区等举措，有效平衡资源需求地和输送地的利益关系；完善碳排放权、排污权、水权等交易制度，促进环境容量资源优化配置，推进优化区域产业分工和经济布局。去年底，中央专门颁发了《中共中央 国务院关于建立更加有效的区域协调发展新机制的意见》，对相关体制机制建设提出了要求，应当结合实际认真加以实施。

其六，要加强对口帮扶。对口帮扶是我国制度的特殊优势，是促进区域协调发展的重要手段。过去许多年，针对不同的区域和需要，采取了多种形式的对口帮扶，形成了较为完整的对口帮扶体系，实现了一些地区和人群的脱贫致富与可持续发展。应进一步加强力度、完善机制、丰富内容：一是更多运用产业转移、比较优势交换等市场化方式，把对口帮扶置于可持续发展的轨道上；二是注重思想素质帮扶与项目资金帮扶并重，使对口帮扶真正产生强大的撬动效应和亢奋的内生动力。

问：请您谈谈，进入新时代、面临新要求，促进区域协调发展应该怎么干?

答：70年来，促进区域协调发展取得了重大成就，但我们面对的形势仍然严峻、任务仍然艰巨。就当前而言，区域发展方面仍然存在着不少问题，主要是：区域间在实质性方面的发展差距还没有明显缩小，各地区发展基础与潜能差异悬殊，重点地区困难依然突出且解决难度很大，一体化深入推进面临诸多制度障碍，促进协调发展的体制机制尚未真正形成，支撑区域协调发展的法律体系比较薄弱，等等。目前，地区分化呈加大态势，有不少因素给缩小地区差距带来了严峻挑战，如不采取有效措施，已经取得的成效有可能被销蚀。党的十九大报告指出，我国社会的主要矛盾已经转化为人民日益增长的美好生活需要和不平衡不充分的发展之间的矛盾。我认为这种“不平衡不充分”突出体现在区域发展方面，对此要高度重视、采取有力措施应对。总体上说要贯彻落实好中央关于促进区域协调发展的一系列重大战略和思路的要求。在操作层面上，要突出重点做好四个结合。

第一，进一步增强区域战略与政策的精准性，把对“四大板块”的分类指导和对经济类型地区的定向指导有机结合起来。

我们看到，其一，在新技术、新经济迅速创新变化的环境下，这些年地区间分化显著加快，不同地区已体现出在实质性方面的较为悬殊的差别，一些原本落后的中西部省份已接近和赶上东部一些省份的发展水平，而有些东中部省份的发展却不及某些中西部省份；其二，从由新经济、新动能、新要素等构成的发展潜能看，未来地区间的发展还将体现实质性的落差，对发展潜能较弱的地区，急需通过有效手段进行指导、推动和扶助。鉴于此，作为比较现实的选择，可考虑在坚持“四大板块”区域划分的基础上，根据现实发展状况和未来发展潜力的深入分析和准确判定，对同类型经济地区超越“四大板块”的划分，实施相同的政策指导。

事实上，在过去的操作中，我们曾经有过对特殊地区超越区域板块划分实施相关比照政策的经验，如对中部地区的部分城市比照运用东北地区老工业基地的政策和对部分贫困地区比照运用西部地区的开发政策。

这就是说，应当把对“四大板块”的分类指导和对经济类型地区的定向指导有机结合起来，精准问症、精准施策，提高区域战略与政策的针对性和有效性，不断缩小地区差距，促进区域协调发展。

第二，强化区域政策的协同效应，把促进落后地区“转”与“赶”有机结合起来。

对于促进区域协调发展而言，落后地区特别是贫困地区在实行转型转变的同时，还有一个加速追赶的任务，也就是说，落后地区的发展应立足于“赶”与“转”的有机结合。作为支持推动落后地区发展的区域政策，应当紧扣这一要求发力，在促进赶、转一体中充分体现其协调效应。这包括两个相互衔接的重要方面：一方面，政府部门要切实加强对落后地区特别是贫困地区的支持力度，包括协调和动员社会各个方面强化对这些地区的帮扶；另一方面，除了在资金、项目、能源等方面增加支持力度外，要特别重视推出那些能够把“赶”与“转”融为一体的支持性措施，而这些措施主要应当是有利于落后地区长期发展的基础性和制度性措施。

应该特别强调的是，政府和有关方面对落后地区的支持措施要体现前瞻性或超前性，有助于在新形势新环境下推动落后地区与先进地区在同一起跑线上构筑经济增长基础和可持续发展的潜能。

第三，注重现实和未来的衔接，把巩固提升地区传统比较优势与积极构建新的经济优势有机结合起来。

促进地区加快发展，必须充分发挥比较优势。但简单固守传统比较优势，有可能错过科技快速创新、共享经济蓬勃发展带来的机遇，因为比较优势并不都是领先优势，很容易在竞争中沦为比较劣势。鉴于此，促进区域协调发展，特别是一些落后地区要实现“赶”与“转”双重目的，必须把巩固提升传统优势和量力打造新型经济优势有机结合起来。

要运用新技术、新模式提升传统优势产业、延伸发展链条、提高附加值，不断做优、做强、做大。与此同时，要抢抓机遇，充分利用一体化的市场、开放的经济、共享普惠的新型技术平台等环境条件，借助合作、移植、承接、集聚、创新等手段，“无中生有”“移花接木”，积极培育新经济新动能，实现地区比较优势的不断“增新”，持续提升区域经济的创新力与竞争力。比如，贵州省通过借力发展大数据等新型业态，实现了新经济新动能发展的一些方面与发达地区的并跑甚至领跑，一定程度上摆脱了落后地区“代名词”的困扰，其发展的经验值得一些落后地区认真借鉴。

第四，坚持外部政策激励和内部动能激活并重，把对困难地区的有力政策支持与充分发挥其自身能动性有机结合起来。

有人认为对一些区域实施优惠政策违背了市场竞争的公平性，这是不正确的或者似是而非的。从过去实践看，在区域战略和政策层面实施支持型政策大体有两种类型：一种是对欠发达地区和贫困地区。这些地区基本上是老少边穷地区，综合基础薄弱，发展条件很差，很难单独依靠自身改变落后局面，需要外部支持，特别是国家支持。这些支持政策相当一部分体现在资金和项目上。对这一类地区的支持恰恰是体现公平公正原则的要求。另一种是对某些改革发展实验区和示范区。对它们的支持更多体现在制度创新层面，主要是赋予在一些方面进行先行先试的权利。其政策设计，既考虑了试验主题的需要，也考虑了周边环境、国际通行做法和改革探索的要求，这不违背市场的公平性。

促进区域协调发展，应当继续加强对落后地区或困难地区的政策帮扶力度。但有一点很重要，必须把外部支持和激发内生动力有机结合起来。一部分落后地区和贫困人群在外部支持面前滋生了“等、靠、要”意识和行为，必须加强引导教育，着力解决。还是那句话，外因是条件、内因是关键，自身不努力，无论多么强的外部支持都是难以从根本上解决问题的。

访谈记者：中国经贸导刊杂志社　李苏洋

2019年9月30日

改革探索创新

——发挥国家发展规划战略导向作用

访国家发展改革委发展规划司司长　陈亚军

问：请您具体讲讲，国家发展规划都有哪些作用？

答：国家发展规划，也就是我们通常所说的国民经济和社会发展五年规划纲要，其规划对象是整个国家的经济社会活动，规划内容是国民经济和社会发展在时间和空间上的战略部署及具体安排。所谓在时间上的战略部署和安排，指的是统筹制定规划期内经济社会发展的主要目标，以及为达到目标而采取的发展战略、重点任务、制度安排、配套政策、重大工程项目等。所谓在空间上的战略部署和安排，主要是明确空间结构优化方向和管控原则，明确发展战略和重大任务在国土空间上的安排，如区域协调发展战略中的“三大战略”和“四大板块”布局，主体功能区战略中的城镇、农业、生态三类空间布局和管控措施，以及基础设施、基础产业等重大生产力布局，等等。

新中国成立后，从1953年编制第一个五年计划开始，我国已经连续编制实施了13个五年规划。这些规划，无论是在计划经济时期、计划经济向市场经济转轨时期，还是在社会主义市场经济时期，对整个国家经济社会发展都发挥了积极作用，做出了巨大贡献。

——“一五”计划的实施，为我国的工业化奠定了初步基础。

——“三五”至“五五”计划的实施，为建立比较完整的工业体系和国民经济体系做出了巨大贡献。

——“六五”和“七五”计划的实施，对缓解农产品和消费品匮乏发挥了积极作用；“七五”计划后，我国基本上解决了温饱问题。

——“八五”和“九五”计划的实施，对缓解基础设施的瓶颈制约，特别是实现现代化建设前两步战略目标发挥了重要作用。“九五”期末，人民生活总体达到小康，人均GDP达到850美元，进入世界银行划分的下中等收入国家行列。

——“十五”计划的实施，推动了我国工业化、城镇化、市场化、国际化步伐，使其明显加快，特别是对外开放水平全面提升，五年内外贸进出口总量增加了2倍，达到1.4万多亿美元，世界排位从第八跃升为第三。2005年，经济总量超过英国，跃升到世界第四位。

——“十一五”规划的实施，使我国经济社会发展迈上了一个新的大台阶，五年内经济总量实现“两连超”，2007年超过德国，2010年超过日本，跃升为世界第二位。2010年，人均GDP超过4300美元，实现了从下中等收入国家行列到上中等收入国家行列的跨越。

——“十二五"规划的实施，使我国综合国力和国际影响力大幅提升，不仅经济总量稳居世界第二，而且对世界经济增长贡献率超过25%。特别是经济社会结构呈现出重大转折性变化，需求结构从投资拉动转向消费拉动，最终消费需求对经济增长的贡献率超过投资贡献率；产业结构从工业主导转向服务业主导，第三产业增加值占GDP比重超过第二产业；城镇化率超过50%，社会结构发生重大转折。

——“十三五”规划的实施，必将推动我国实现全面建成小康社会的目标，并为开启社会主义现代化建设新征程奠定扎实基础。

可见，制定和实施五年规划，是我们党和国家领导、组织和推动经济社会发展的一种重要方式，也是我国社会主义制度的一个独特优势。除了我国，世界上还没有第二个国家能在60多年间连续制定并实施13个五年规划。这个事实本身表明，制定和实施中长期计划（规划）是中国道路成功的一个重要元素。

为什么我们要用国家发展规划来引领经济社会发展？为什么我们能够用国家发展规划来引领经济社会发展？我认为，这既是由我国的制度优势决定的，也是由国家发展规划的功能定位决定的。

改革开放以来，特别是21世纪以来，对国家发展规划的功能定位主要是三个方面。第一是全社会的行动纲领。国家发展规划在一定范围、一定程度上凝聚了社会共识，因而是凝聚社会共识的平台。正如法律是凝聚社会共识的平台，是将社会共识凝聚成国家利益并通过法律形式表达出来，在这方面规划与法律有共同点。因为凝聚了社会共识，必然就会成为社会共同的行动纲领。在思想上一致认为应该这样做，行动上就会自觉地这样做。第二是政府履行职责的依据。现代经济都是混合经济，纯粹的市场经济只是理论的抽象。政府干预经济活动，首先应该依法干预，其次要依规划行事。从这个意义上讲，规划是政府制定的，但也是“管”政府的。第三是约束社会行为的“第二准则”。市场经济是资源由市场配置，公民、法人和其他组织有充分的自主权、决策权。但公民、法人和其他组织的某些行为可能会损害公共利益。编制规划，可以告诉公民、法人和其他组织，哪些事情可以做以及在什么地点可以做。从这个意义上讲，规划是对法律制度的补充，是公民、法人或其他组织也必须遵循的行为准则。

此外，国家发展规划功能定位中的另外两句话也特别重要，即“主要阐明国家战略意图”“是经济社会发展的宏伟蓝图”。因为我们在规划工作中，往往会遇到因不同类型的规划期不一致，而否定国家发展规划统领地位的问题，如城乡、国土等空间性规划，其规划期一般都在10年以上，这是否意味着国家发展规划不能对其发挥指导和约束功能作用？我们认为国家发展规划作为国家总体战略的阶段性安排，保持着战略连续性，是现代化“三步走”战略一张蓝图绘到底的集中体现。比如“六五”和“七五”2个五年规划，都是围绕解决温饱问题展开的，“八五”“九五”2个五年规划都是围绕解决总体小康问题展开的，“十一五”“十二五”“十三五”3个五年规划都是围绕全面建设小康社会展开的；党的十九大提出的建设社会主义现代化强国目标，也需要通过若干个国家发展规划的分阶段安排来完成。空间性规划的期限虽然长于五年，但理应根据国家发展规划的战略安排进行滚动修编、做出适应性调整。

理解了以上大的逻辑背景，我们就更加容易理解规划对于发挥社会主义制度优越性、集中力量办大事的重要作用。也能够更好理解总书记指出的“用五年规划引领经济社会发展，是我们党治国理政的一个重要方式”的深刻内涵。也更加容易理解为什么越来越多的国家把编制实施五年规划当作中国经验、中国方案，来学习、来借鉴。

问：新中国成立以来，国家发展规划体制是如何沿革的？

答：规划体制是政府管理体制的重要组成部分，随着发展环境的变化，以及政治、经济体制改革的深化，依附于政治经济体制的规划体制也将发生相应的变化，这是一条带有规律性的趋势。我国实行以五年规划为基本框架的规划体制已经有60多年的历史，在规划工作60多年的实践中，伴随着经济体制和政府管理体制改革的不断深化，规划在性质、作用、内容及实施方式等方面一直处于调整变革之中。计划经济时期，规划是指令性的，规划指标必须认真贯彻、严格执行，规划的内容只是单纯的经济计划，“一五”到“五五”五个五年计划均如此。改革开放以来，根据党中央提出的“计划工作要突出宏观性、战略性、政策性，把重点放到中长期计划上”的要求，伴随着经济体制改革的不断深化，规划的性质、内容乃至形式都发生了重大变化。规划的性质逐步由指令性规划向指导性规划转变，更加强调发展市场机制的基础性作用，规划指标也更加注重预测性和指导性；规划覆盖范围从单纯的经济领域转向经济社会的统筹协调；规划指导的对象从公有制经济特别是国有经济，扩大到全社会各种经济成分；规划的内容从偏重于管理微观经济活动，转向经济发展的总体战略、重大方针政策、重大生产力布局等宏观经济活动；规划指标也从以产品产量为主，转向以经济、社会、环境等方面的质量和效益为主。特别是“九五”计划和“十五”计划，在突出内容战略性、宏观性、政策性的同时，在规范编制方法和程序、提高编制透明度等方面进行了一些有益的探索，取得了积极的进展。

认识总是在实践中不断深化。对国家发展规划体制的认识，也经历了实践—认识—再实践—再认识的过程。改革开放以来，真正系统梳理和持续推动规划体制改革，是从2001年开始的。2001年全国人大审议通过“十五”计划后，在认真总结全国“十五”计划编制工作经验的基础上，针对规划体制中仍然存在的突出矛盾和问题，时任国家计委副主任、分管规划工作的汪洋同志提出要勇于开拓、大胆创新、努力推动规划体制改革。规划司在汪洋同志带领下，会同地方和部门规划系统的同志，经过一年多时间的联合研究攻关，在2002年起草形成了《关于规划体制改革的若干意见》，提出要探索建立与社会主义市场经济相适应的规划体制，确立层次分明、功能清晰、相互协调的规划体系，完善民主化、规范化的编制程序，建立责任明确、有效实施的规划实施机制，以及实现规划工作的民主化、法治化和科学化。由此开始，规划司在长达16年的时间跨度里，努力推动规划的立法工作，2008年起草形成《发展规划法》，2013年《发展规划法》送审稿上报国务院，同年《发展规划法》列入十二届全国人大常委会五年立法规划，2015年、2016年列入国务院年度立法工作计划。尽管在此过程中，党中央、国务院出台了关于规划体制改革中某些特定环节的规范性文件，如，2003年国务院印发了《“十五”计划纲要实施中期评估报告》，2005年国务院印发了《国务院关于加强国民经济和社会发展规划编制工作的若干意见》，2007年《中华人民共和国各级人民代表大会常务委员会监督法》将五年规划中期评估纳入监督审议，2016年中共中央办公厅、国务院办公厅印发《关于建立健全国家“十三五”规划纲要实施机制的意见》，等等，但时至今日，作为根本遵循的发展规划法仍然没能出台。

尽管法律没有出台，但规划探索改革创新的步伐始终没有停止。概括起来主要表现在以下五个方面：

第一，对国家发展规划性质的认识在不断深化。

一是规划不仅仅是指导性的。在计划经济下，计划是指令性的。提出社会主义市场经济的改革目标后，认识曾经走向另一个极端，认为规划是指导性、预测性的。经过规划工作的实践，大家逐步认识到，在市场经济条件下也有一些规划是必须执行或实施的。关键要看是哪些领域的规划、规划中的哪些内容。比如规划中的节能、减排和保地指标，各类空间规划等，以及涉及公共利益和可持续发展等方面的规划都应该带有约束力和执行力。

二是规划不仅是安排时间的。过去曾经认为，规划只是安排在一定时期做些什么、怎样做和做到何种程度。但随着实践的深化，大家逐渐认识到，规划也应该明确在何处、在什么空间做，比如交通布局规划等，也就是说，规划不仅要安排做事的时序，也要安排做事的空间，即要规划具体的时空。

三是规划不仅是促进增长的。多数规划是促进增长的，属于鼓励、动员、激励性的，但也有些规划是约束增长的。约束一时一地的增长，是为了可持续地健康发展。这种认识，也与国外的规划理念更加接近，比如美国《地方政府规划实践》一书中提道，“规划既要培育和促进增长，同时也要管理增长”“规划要驾驭平衡，使经济增长、基础设施、资源环境、公共服务、人口相互均衡分布。”“过快过度的经济增长会给资源环境、公共服务、基础设施带来压力，并可能导致生活质量的下降”。

第二，国家发展规划的内容随着认识的深化持续改革创新。这种创新变化主要是基于认识深化带来的。突出表现在三个方面。

一是基于对规划对象和性质认识带来的规划名称改变。60多年的规划历程中，国家发展规划的名称有过两次重大改动。第一次改变是改革开放后编制的第一个五年规划，即“六五”计划，基于对经济与社会协调发展重视程度的大幅提升，将以往的国民经济发展五年计划改名为国民经济和社会发展五年计划，并将社会发展计划单独成篇，对包括人口、劳动就业、居民收入和消费、城乡建设、社会福利、文化、卫生、体育、环境保护、社会秩序等各个方面进行计划安排。第二次改变是“十一五”规划，即将以往延续了10个的五年计划的名称改为五年规划，最主要的原因是我国已初步建立社会主义市场经济体制，市场已经开始在资源配置中发挥基础性作用，将计划改变为规划，准确体现了社会主义市场经济条件下中长期规划的功能定位，反映了我国发展理念、经济体制、政府职能的重大变革。随着改革开放以来中国特色社会主义事业总体布局不断完善，从“三位一体”到“四位一体”再到“五位一体”，国家发展规划的内容也在不断深化和完善，比如从“十二五”开始，生态文明建设已经成为规划纲要中的核心内容之一，经济社会的概念已经越来越难以准确反映规划内容的全貌。规划名称是否需要与时俱进继续做出改变？这也有待于我们深化探索。

二是基于对规划功能再认识带来的规划内容变化。计划经济时期，规划是指令性的，规划指标是必须完成的。随着计划经济向市场经济的转轨，规划逐步由指令性向指导性转变，规划指标也更加注重预测性和指导性。随着实践的深化，特别是经过“十五”计划中期评估，使我们认识到规划要实用管用，不仅仅应该是战略性、宏观性、政策性的，还应该兼具指导性和约束性功能，包括对空间开发的指导和约束，也包括对政府自身行为的约束。这就是规划“三性+两性”功能的来源。因此，从“十一五”开始，我们把规范国土空间开发纳入规划的重要内容，推动形成主体功能区理念和主体功能区规划，构建出“两横三纵”城市化战略格局、“七区二十三带”农业战略格局、“两屏三带”生态安全战略格局。同时，我们还将规划指标区分为预期性和约束性两种类型，强调约束性指标是政府向人民作出的承诺，必须不折不扣地完成。从近几次五年规划的指标属性分布可以看出，约束性指标在规划主要指标中的占比在逐步提高，从某种侧面也反映了规划的约束功能在提高。

三是基于对规划抓手重要性认识带来的规划形式创新。五年规划是个综合性、纲领性的规划，内容系统而全面，如何做到眉清目秀，也是规划工作者需要持续探索创新的问题。从“十一五”开始，我们改变了规划就是文字叙述的固定格式，首次采取“正文+专栏”的形式。这样，既可以使正文的表述更加简洁，也使规划指标、重点工程等有关内容更加突出、清晰，一目了然，同时也有利于凸显落实规划的抓手。这种表达形式已越来越被社会认同，发展改革委的年度计划也采取了类似的表达方式。

第三，国家发展规划的编制程序日益规范。中央全会提出《建议》，国务院组织编制规划纲要，全国人大审查批准规划纲要，这是国家发展规划制定的既定程序。发展改革委要提前开展研究，研究提出规划基本思路供中央起草《建议》做参考，与中央《建议》同步起草规划纲要框架，中央《建议》出台后按《建议》修改完善规划纲要框架，形成规划纲要草案，履行相关程序后，提交全国人大审查。在这两大程序之下，我们在实际工作中，逐步探索形成了包括中期评估、前期研究、编制草案、规划衔接、听取意见、审议批准、公开发布等七道程序，明确了每道程序的具体要求，目的在于以程序的规范保障规划内容的科学。比如，对于规划中期评估，既要评估规划内容的实施情况，也要检讨规划编制中可能存在的问题；既要提出推进规划实施的建议，也要提出改进规划工作的建议。又如，对于前期研究，要立足于开门搞研究，多维度听取意见建议；要采取内部研究、定向委托研究、公开遴选研究等多主体研究方式，提高研究的深度和质量。再如，对于规划衔接，衔接原则、衔接重点、衔接环节等，也在实践中不断深化。

第四，国家发展规划的实施机制在探索实践中逐步完善。“规划好看不好用”“规划规划墙上挂挂”“规划编制时轰轰烈烈、实施时无声无息”等等，曾经是对规划的普遍看法，也是规划工作者的悲哀。为改变重编制轻实施的问题，从“十五”开始，经过3个五年规划探索实践，到“十三五”规划中共中央办公厅发文，初步建立起了系统完整的实施机制。其中，对规划实施的监测评估是关键环节。这项工作从“十五”规划中期评估开始、经历国务院建章立制、“十一五”期间纳入全国人大立法，再到“十二五”开展总结评估、再到“十三五”开展年度监测评估，形成了规划监测评估的全生命周期，对推动规划实施发挥了至关重要的作用。此外，从“十三五”开始，还探索形成了规划中明确的重大工程推进机制。

第五，国家规划体系在探索中逐步清晰。长期以来，规划数量过多、功能定位不清、规划体系紊乱、规划内容矛盾甚至冲突是我国规划体制中最明显的特点。始于2001年的规划体制改革，试图解决的一个重大问题就是统一规划体系的问题。到目前为止，唯一具有明文说法的是2005年国务院印发的《关于加强国民经济和社会发展规划编制工作的若干意见》（国发〔2005〕33号）（以下简称国发33号文件）。这一文件是基于“十五”中期评估和“十一五”前期研究对完善五年规划功能考虑提出的。在“十五”中期评估中，我们发现规划实施中出现的偏差，很大程度上与规划的空间约束功能不强密切相关，因此在“十一五”前期工作中，我们提出了划分主体功能区的概念，并提出要把编制区域规划放在突出重要的位置。按照时任主任马凯同志的要求，分别编制了长三角和京津冀区域规划。因此，在起草国发33号文件时，将区域规划单列出来作为一类规划，与专项规划放在并列的位置，提出了“三级三类”规划的概念。大家如果感兴趣，可以研究一下国发33号文件，当时对区域规划的界定相当于目前的空间规划。而尚未形成空间规划体系的城乡规划、土地利用规划等则是放在专项规划之中的。尽管国发33号文件定了这样一种体系，但实际工作中住建、国土等部门并不认同，这也是为什么发展规划法迟迟难以出台的一个最大因素。之后，主体功能区规划的地位日益凸显，又从“三级三类”中独立出来，在“十二五”规划纲要中的表述为：“以国民经济和社会发展总体规划为统领，以主体功能区规划为基础，以专项规划、国土规划和土地利用规划、区域规划、城市规划为支撑”的规划体系。当前，机构改革方案已经明确了自然资源部统一空间规划的职能，主体功能区规划、城乡规划都已移交到自然资源部，空间规划必然要独立出来并得到进一步强化，更为重要的是机构改革方案中明确提出了空间规划要对各专项规划发挥指导和约束作用。与此同时，“统一规划体系”又是机构改革方案赋予宏观管理部门的职责。在这种新背景新要求下，如何构建统一的规划体系，如何处理五年规划、专项规划、区域规划与空间规划的关系，我想这不仅是规划司需要考虑的重大问题，也是需要举全委之力考虑的重大问题。

问：更好发挥规划作用，目前都面临哪些突出矛盾和问题？

答：一是规划功能定位不清导致规划内容交叉、矛盾冲突，国家发展规划的统领作用和指导约束功能不够，其他各类规划对国家发展规划的支撑落实不力，衔接协调流于形式。二是规划体系不统一导致规划各自为政甚至相互掣肘，空间规划与国家发展规划相脱节，各类空间性规划内部相互打架，部门利益主导倾向严重。三是规划管理不到位导致规划过多过滥，国家级专项规划和区域规划边界模糊、针对性不强、碎片化严重，如各部门编制的“十三五”专项规划多达460个左右，如同一块地域反复被区域规划。四是规划质量总体不高，思路缺乏前瞻性，目标缺乏针对性，实施缺乏可操作性，许多规划提出的目标指标匹配性差、重大工程项目论证不充分，等等。五是规划间没有形成合力，规划支撑体系、政策协同体系、实施监督体系不到位，换一任领导换一本规划的现象仍然存在。

问：您对进一步深化规划体制改革都有哪些考虑？

答：针对上述问题，我们在认真总结梳理改革开放以来推动规划体制改革所积累的经验基础上，围绕贯彻落实党的十九大提出的“发挥国家发展规划战略导向作用”要求，正在研究制定深化规划体制改革的有关文件。

总的想法是，更好发挥国家发展规划的战略导向作用，前提要提升国家发展规划的科学性，关键是要落实好党的十九届三中全会提出的“统一规划体系”和“构建发展规划、财政、金融等政策协调和工作协同机制”两项任务。因为只有统一规划体系，才能形成规划合力，保障国家发展规划提出的战略目标和重大任务在各领域、各区域得到落实；只有形成政策协调和工作协同机制，才能保障短期政策服务于国家长期发展目标不发生偏离，才能确保重大战略的稳定性和重大政策的连续性。为此：

第一，要理顺规划关系。理顺规划之间的关系是发挥国家发展规划战略导向作用的重要前提。需要在国发33号文的基础上，针对变化了的新情况，进一步理清楚国家发展规划、国家级专项规划、国家级区域规划、国家级空间规划之间的关系，在此基础上为构建省级和市县级规划体系提供依据。经过长期的探索实践，国家发展规划与专项规划、区域规划之间的关系已经达成高度共识，也就是国家发展规划对专项规划和区域规划具有统领作用，专项规划和区域规划要服务和支撑国家发展规划的实施。还未达成一致认识的是国家发展规划与空间规划的关系，以及空间规划与专项规划、空间规划与区域规划的关系。

对于国家发展规划与空间规划的关系，我们从法律规定、功能定位、规划内容、规划期限、编制审批程序看，国家发展规划都是空间规划的上位规划，两者不是并行关系，在统一规划体系中居于不同地位。1. 从法律规定看，《中华人民共和国宪法》明确要求国务院编制国家发展规划。《中华人民共和国土地管理法》第17条、《中华人民共和国城乡规划法》第5条明确规定，土地利用规划、城乡规划要以国家发展规划为依据；国务院批复同意的《全国主体功能区规划》在总纲中也明确提出以国家发展规划为依据。2. 从功能定位看，国家发展规划主要阐明国家战略意图、明确政府工作重点、引导市场主体行为，是经济社会发展的宏伟蓝图，是全国各族人民共同的行动纲领，是政府履行职责的重要依据。空间规划主要是实施国土空间用途管制和生态保护修复的重要依据。3. 从规划内容看，国家发展规划依据中共中央关于制定五年规划的建议编制，是对国民经济和社会发展在时间和空间上的战略部署及具体安排，其中也包括空间结构优化方向和管控原则，以及重大生产力布局安排。空间规划以国土空间治理和空间结构优化为主要内容，领域相对集中。4. 从规划期限看，国家发展规划作为国家总体战略的阶段性安排，具有战略连续性。空间规划虽期限较长，但也应服从和服务于国家总体战略及其阶段性安排，适时作出调整或滚动修编。5. 从编制审批程序看，国家发展规划由中央全会提出建议，国务院组织编制，全国人民代表大会审查批准，这也决定了其在统一规划体系中的地位。6. 从实际发挥的作用看，以国家发展规划引领经济社会发展，已经成为党治国理政的重要方式，是将党的主张转化为国家意志的重要途径，是中国特色社会主义发展模式的重要体现，是世界各国了解中国发展、借鉴中国经验的重要载体。国家发展规划自新中国成立以来已连续编制实施了13个，是唯一没有中断的规划，有力推动了国家的发展和进步。同时，如果人为地将规划体系再划分为发展规划体系和空间规划体系，不利于形成规划合力，不利于重大战略的落地实施，也与统一规划体系的要求不符。

至于如何进一步理顺空间规划与专项规划、区域规划的关系，还需要抓紧开展深入研究和探讨。

第二，要明确规划定位。明确各类规划功能定位，避免规划间交叉重复和矛盾冲突，是更好发挥国家发展规划战略导向作用的重要基础。事实上，只要理清了规划关系，也就相应明确了规划的功能定位。

一是国家发展规划是对国民经济和社会发展在时间和空间上的战略部署及具体安排，主要阐明国家战略意图、明确政府工作重点、引导市场主体行为，是经济社会发展的宏伟蓝图，是全国各族人民共同的行动纲领，是政府履行经济调节、市场监管、社会管理、公共服务、生态环境保护职能的重要依据。

二是国家级专项规划是按照国家发展规划要求，以国民经济和社会发展的特定领域为对象编制的规划，是引导特定领域发展，以及布局、审批、核准重大工程项目，安排政府投资和财政支出，引导金融资本投向，制定相关政策的重要依据。其中，国家级重点专项规划要与国家发展规划同步部署、同步研究、同步编制，由党中央、国务院发布实施。

三是国家级区域规划是依据国家发展规划在区域上的战略部署和安

排，按照区域协调发展战略，以特定区域发展为对象编制的规划，是指导特定区域发展和制定相关政策的重要依据。

四是国家级空间规划是依据国家发展规划在空间上的战略部署和安排，以国土空间治理和空间结构优化为主要内容编制的规划，是实施国土空间用途管制和生态保护修复的重要依据。

第三，要统一规划体系。统一规划体系是形成规划合力、更好发挥国家发展规划战略导向作用的关键。统一规划体系，就是要坚持问题导向，按照下位规划服从上位规划、下级规划服务上级规划、等位规划相互协调的原则，加快构建以国家发展规划为统领，以国家级空间规划为基础，以国家级专项规划、国家级区域规划为支撑，定位准确、边界清晰、功能互补、统一衔接的国家规划体系。建立国家统一规划体系，目的是要在强化国家发展规划统领作用基础上，推动专项规划从“条”上进行深化、区域规划从“块”上予以细化、空间规划从“地”上加以落实，做到各类规划各居其位、相互补位、有机衔接、形成合力。为此：

一方面，要强化国家发展规划统领性，围绕战略性、宏观性和指导性，聚焦事关国家长远发展的大战略、跨部门跨行业的大政策、具有全局性影响的跨区域大项目，把党的主张转化为国家意志，为其他各类规划系统落实国家发展战略提供遵循。要增强统筹重大战略和重大举措时空安排的功能，明确空间结构优化方向和管控原则，为国家级空间规划留出接口。要科学选取需要集中力量突破的关键领域和重点区域，确定规划编制目录清单，为制定国家级重点专项规划、区域规划提供依据。

另一方面，要强化其他各类规划对国家发展规划的支撑作用。国家级专项规划要围绕国家发展规划在特定领域提出的重点任务，制定细化落实的时间表和路线图，提高针对性和可操作性。国家级区域规划要围绕国家发展规划在特定区域提出的重点任务，以协调解决跨行政区重大问题为重点，突出区域特色，指导特定区域协作协同发展。国家级空间规划要按照国家发展规划确定的国土空间治理和空间结构优化要求，聚焦空间资源优化配置和国土空间用途管制，整合形成“多规合一”的空间规划，并为相关专项规划提供空间性指导和约束。

第四，要提高规划质量。确保规划实用管用，是更好发挥国家发展规划战略导向作用的重要基础。为此需要在深化前期研究、加强论证比选、规范编制程序、扩大社会参与等环节下足功夫。

第五，要加强规划管理。统一的规划体系，离不开统一的规划管理。要建立健全目录清单和编制备案制度，有效控制规划数量。同时，要强化规划衔接协调制度，明确衔接的原则、重点和程序。要建立规划管理信息平台，推动规划基础信息互联互通和归集共享。

第六，要强化政策协同。发挥国家发展规划的战略导向作用，政策协同是保障。要按照短期调控目标服从长期发展目标、短期调控政策服从长期发展政策、公共财政服从和服务于公共政策的原则要求，理顺规划和政策工具之间的关系。强化财政政策对国家发展规划的保障作用、金融政策对国家发展规划的支撑作用，强化国家发展规划对产业、区域等政策的引领作用，构建发展规划、财政、金融等政策协调和工作协同机制，以及年度计划落实发展规划的机制。

第七，要完善实施机制。按照谁牵头编制、谁组织实施的基本原则，落实规划实施责任，加强实施监测评估，动态进行调整修订，完善实施监督考核，提升规划实施效能。

问：您长期从事规划编制工作，有什么工作体会可以和我们分享？

答：第一，好的规划是研究出来的，而不是写出来的，因此必须在深入研究上下足功夫。第二，规划是对未来的谋划，不能完全用现在的思维定式去编制规划，因此不要因循守旧，必须有所创新。第三，规划作为谋划未来的社会共识，其形成过程中必然会有很多不同意见，但坚持下来的，往往可能是最突出的“亮”点，如城市化问题，是研究“九五”计划基本思路时提出来的，“九五”计划没有写进去，却成了“十五”计划的一大战略；以人为本，是在研究“十五”计划基本思路时提出来的，虽然“十五”计划没有写进去，却成了十六届三中全会的重要思想，等等。列举这些事例，只想说明，规划研究过程是形成一些带有前瞻性、战略性思想的过程，对于符合规律的思想我们要坚持，不要轻言妥协，即使这些思想不能写进本次规划也不要紧，也可为下一个五年规划做思想储备。当前，“十四五”规划的前期研究也已经启动，在此分享以上几点体会作为结尾、与大家共勉！

访谈记者：中国经贸导刊杂志社　李苏洋

2019年10月18日

众工皆兴，事举功成

第一个五年计划时期，中国确定集中力量进行以156项重点项目为中心的工业建设，为社会主义工业化打下了坚实的基础。在此后历次五年规划编制过程中，中国都围绕国民经济和社会发展需要，安排了一系列重大工程项目，成为规划实施的有力抓手，不断推动产业结构升级和国家生产力提升。

钢铁工业的摇篮

——鞍山钢铁集团有限公司

新中国的工业化战略以重工业为重点，这在很大程度上是借鉴苏联经验。而在此期间，中国一直在摸索一条自己的建设社会主义强国的道路。1953年，以大型轧钢厂、无缝钢管厂和七号高炉组成的鞍钢“三大工程”竣工，为全国钢铁工业的进一步发展奠定了基础，也成为社会主义工业化建设的标志性事件。

党的第八次全国代表大会召开前夕，社会主义改造基本完成，此时面世的《论十大关系》，被称为探索适合中国情况的建设社会主义道路的开篇之作。

一、头号工程

1953年12月25日，鞍山城度过了一个不眠之夜。

以倾城之力，整个鞍山正酝酿着一场壮大庆典。中央美术学院的画家专门从北京赶过来，设计了大会会场——在鞍山市中心人民剧院门前，竖起了象征“基础”的四个巨大的红色方柱，上面矗立着象征“建设”的灰色钢架；用高炉和无缝钢管、重轨图案组成的“三大工程”开工纪念章模型在会场正中的墙上放射出金色的光辉。

主席台两侧，挂着开工纪念锦旗以及周恩来总理的题词——“大型轧钢厂、无缝钢管厂、七号炼铁炉的开工生产，是我国社会主义工业化建设中的重大胜利”。

鞍山市区的主要街道和厂区的建筑物上，悬挂起巨幅标语和千百面彩旗。各机关、学校和商店门口挂上了成对成排的灯笼。市文工团和各文化馆、文化站领导的业余剧团，全都赶排了精彩的节目，街巷里锣鼓喧天，彩带飞扬。正在鞍山演出的著名演员梅兰芳、周信芳、程砚秋和马连良等也留了下来，等着参加这个庆典。

人们自发地组织起来，到车站去迎接为“三大工程”付出辛苦的苏联专家。火车站前人头攒动，个个喜气洋洋。

一周前，以“鞍钢全体职工”落款的一封喜报发向了北京：

当此第一个国家五年建设计划的第一年计划即将顺利完成之际，我们兴奋地向您报告：无缝钢管厂、大型轧钢厂、第七号炼铁炉，都已提前竣工，并开始生产，国家交给我们的“三大工程”任务，已经胜利完成了。

复电很快发回到鞍钢，落款是令鞍钢人兴奋的名字——毛泽东：

鞍钢无缝钢管厂、大型轧钢厂和第七号高炉的提前完成建设工程并开始生产，是1953年我国重工业发展中的巨大事件……我国人民现正团结一致，为实现我国社会主义工业化而奋斗，你们的英勇劳动就是对于这一目标的重大贡献。

“三大工程”占了新中国工业化建设的无数个“第一”——它是“一五”计划中位列首席的头号工程，是我国第一个钢铁基地，是新中国重工业建设中首批竣工投入生产的重点工程……

除此之外，“三大工程”还有个不一般的“头名”：在毛泽东1949年12月出访莫斯科时签订的苏联帮助中国建设的50个工程项目中，鞍钢列于榜首。

二、18亩地的图纸

1950年4月，42岁的炼铁专家王之玺从鞍山赶到天津，在鞍钢连续工作了60多个小时，王之玺双眼已经布满血丝，他在火车上支着头打了会儿盹，算是休息。

一进天津市内，王之玺就指挥着司机，左转、直行、左转……停到一座不起眼的二层白色建筑门口，王之玺下了车，直奔地下室。

打开地下室的门，是满满的三大排木架子，架子上摞满了一卷卷的图纸。

这些图纸，是在战火纷飞的解放战争时期，王之玺带着几个同事一笔笔画下来的。1948年8月，盘踞在辽南、沈阳一带的国民党军占领辽阳，在8月15日和9月4日连续向鞍山发起了两次大的进攻，战事激烈，机枪子弹像雨点一样洗劫着荒寂无人的厂区。

几十名工程师在撤离鞍钢之前连夜赶工，复制了鞍钢的图纸，搬运到关内保存。这些从战火中抢出来的图纸，成了鞍钢改扩建的重要依据。

王之玺把所有图纸带回鞍钢时，26名苏联专家已经在厂里等候。他们进行了一个在当时看来颇为庞大的扩建设计，以至于专家不够用了，后来又增加到43名。

根据鞍钢的基础图纸，苏联专家先把原昭和制钢所各厂与北部五个私人工厂联合成一个整体钢厂，同时恢复二炼钢厂，新建二初轧厂、大型厂、无缝钢管厂、半连续热轧钢板厂、冷轧板厂和热轧薄板厂。又因为鞍钢是我国当时唯一的大型钢铁厂，要支援全国建设，因此在扩建计划中又增加了300毫米连轧小型厂、250毫米连轧线材厂、螺旋焊管厂、电焊管厂、冷拔钢材厂和车轮轮箍厂等。

以这个方案为基础，1951年10月，苏联编制的120卷《恢复和改造鞍钢总体规划初步设计书》交到了鞍钢人手上。

设计书首页，开宗明义地写着要“扩大鞍钢生产规模，使之大大超过以往达到的最高水平”“建设新的强大轧钢厂，保证出产多种产品，以满足中华人民共和国之需要”。

120卷图纸，加起来有24000多张。如果一张张铺开，能排满18亩地。

看着浩如烟海的图纸，负责“三大工程”基本建设的鞍钢副经理王玉清顿时觉得心里没底。

王玉清原本是个钢铁业的门外汉，头一年刚刚调到鞍钢工作。他回忆说：

在此之前，我在大连工作。调动工作的时候，李富春同志找我谈了话，让我到鞍钢抓基本建设。当时我很担心，怕干不好，因为我不懂工业，更不懂基本建设。富春同志说：“不懂的东西可以学习。”到东北人民政府工业部报到时，工业部部长王鹤寿同志对我说：“既然富春同志让你去鞍钢，还是按他的意见办，去了以后遇到困难，部里会支持你。”这样，我就到了鞍钢。不过，王玉清没想到的是，他在鞍钢遭遇的挑战会如此之大。大型轧钢厂、无缝钢管厂都要在原有厂房的基础上建设，可是鞍钢当时连一台水平仪都没有，地面上不能搞测量，地下的土壤承压试验也做不了。

当时，鞍钢的生产情况也简陋得超乎想象——高炉炉身是用耐火砖砌筑的，外边加几道铁箍，铁水不是流进铁缸里运走，而是在炉台上用沙子筑起一个个格子坑，让铁水流进去凝成块。

更严峻的是，整个鞍钢的技术力量只有70多名工程师，其中还有60多名是伪满时期留下来的日本人，正在逐批回国，全部遣返后，作为全国钢铁产业中心的东北，技术人员仅占全行业总人数的0.24%。

苏方给大型轧钢厂、无缝钢管厂和七号高炉都采用了当时的最新成就，工程全部自动化，机械设备全部由电气操纵。有些设备在苏联也是刚刚设计成功，就直接拿给鞍钢。这样的建设任务，对于发达国家来说也不是什么容易的事情。

何况，国家财经委员会副主任李富春在全国政协会议上的一席话，无异于给“三大工程”竖了一块倒计时牌。

会上，李富春做了题为《中国工业的目前情况和我们的努力方向》的报告，他说：“到1953年，我们修建铁路的钢轨，就可以完全由自己解决了。大型钢材、无缝钢管及薄型钢板，也能大部分解决了。这些新厂的建设，对于我国的重工业，是会有一定的加强作用。”

这个报告等于是公开宣布：1953年新中国将有新的大型轧钢厂和无缝钢管厂开工投产。

掐指一算，只剩下不到两年的时间。

三、再现“复工奇迹”

1948年11月，濑尾喜代三和修建工程师原一桢组成二人小组，与王之玺和工程师邵象华、杨树棠、李松堂分成两路，设计鞍钢的全面复工计划。

两组人把工厂里里外外走了个遍，就花去了一个多星期的时间。

这不是因为厂区有多大，实在是当时的情况惨不忍睹。偌大的厂区一片荒凉，到处杂草丛生，许多地方的蒿草没膝、齐腰，甚至比人还高。双脚还没踏进草丛，就先扑啦啦地惊起了雉鸡，吓跑了野兔。

道路两旁，杂乱地散放着各种残损的零碎部件、电器设备和长满厚厚红锈的废钢烂铁。厂房四壁布满了枪痕弹洞，楼里四处是玻璃碎片。稍微值钱一点的仪器早已不见影踪，就连楼梯扶手上包着的铜边都不知被谁扒掉了。

濑尾和原一桢受命与王之玺“背对背”地分别拿出鞍钢复建方案。三个星期后，王之玺的方案摆在了桌子上，但濑尾只拿了个草稿出来。

鞍钢护厂大队负责人王群问濑尾：“依你看，需要多少时间，什么条件才能修复鞍钢？”濑尾抹了抹嘴唇上的八字胡，有点尴尬地干笑了几声：“修复谈何容易，需要美国的设备，日本的技术，再加上差不多20年的时间。可惜，你们和美国没有建交，日本又是战败国。外援无路，内力空虚，这片厂区看来只能种高粱了。”

最终，濑尾他们还是做了一个复建方案，但是比王之玺的计划小得多。经党组织和厂领导研究决定，按照王之玺等人设计的方案开始了复工工作。

器材的缺乏是复工的头一道难题。老工人孟泰带头捡散弃在各厂角落的器材机件，从废品堆里搜寻有用的物资，再把它们修整一新。不管白天黑夜，刮风下雨，孟泰跑遍了十里厂区，刨冰雪，挖废料堆，捡了成千上万个零件，建起了全国闻名的“孟泰仓库”。在炼铁厂开工修第一座高炉时，缺一个三通水门，打开“孟泰仓库”，里面有各种型号的三通水门1300多个，随便挑。后来在修复一、三号高炉时，所有管道系统的零件都是“孟泰仓库”提供的，没有花一分钱。

为了确保鞍钢复工，时任鞍山市委书记的杨春茂同时兼任鞍钢监委，发布了《为号召市民献交器材运动布告》，向百姓征集鞍钢在战乱中散失的器材。

鞍钢成立了15个献交分会，鞍钢制造部总工程师杨树棠记得，在他从住处去办公室的路上，看见衣着褴褛的工人群众用肩挑、背扛、车送，把各种设备、器材从铁东、铁西、立山等处潮水般地运到厂区，从早到晚，川流不息，“真是一场神话般的奇观壮景”。

人们献交出来的大量器材就摆在鞍钢办公楼门前、钢铁研究所门口和正门附近的马路上，其中不乏价值不菲的贵重器材。电修厂工人魏荣夫把自己过去开电料行的148件原材料全部献出。杨树棠和其他工程师每天就到路边扒拉，几乎是应有尽有。

到1949年1月10日，已有4255名职工献了器材，占职工总数的73%，共献出各种器材52462件。全市累计献交器材1123种，212694件，其中鞍山市立山区在3天内献交马达300多台，新华区仅电机一项就献交157台，献交的电器材料能缩短鞍钢电气修复计划一个月。

濑尾由衷地赞叹说：“昭和制钢所从来都是防着工人把厂里的东西往家里拿，哪儿有工人往厂子里送东西的。有了这些器材，鞍钢恢复生产的速度起码可以加快十年。”

日本人无法理解那个年代里国人的踊跃与忠诚，但那样的岁月却真实地存在过。两年后，复工时曾经的激情，建设“三大工程”时又再度燃起。

1951年12月13日，李富春给毛泽东和周恩来写报告，请求动员全国有关方面的力量帮助鞍钢建设“三大工程”。

四天之后，毛泽东批示：完全同意，应大力组织实行。

鞍山东山上突然间拔地而起一座大宾馆，住进了几百名苏联专家；厂房边盖起一长排三层高的新宿舍楼，迎来从全国各地抽调的技术干部；被鞍钢人称为“三角楼”的两栋大楼都被清理出来，接待应聘的专家和工程师。

从1952年3月开始，鞍钢从生产单位抽调了15名老干部，170名一般干部，180名技术干部和大批技术工人。

原来不大的鞍山城一时间沸腾起来。时任鞍钢炼铁厂副厂长周传典回忆说，办公楼彻夜灯火明亮，工地上人喧车鸣，到处搭起脚手架，闪烁着电焊火花。人们走起路来大步流星，像是在跑步。

1953年时新华社发表的《祖国建设的新气象》一文中说：“从去年3月到今年2月中旬为止，全国各地派去参加鞍钢建设工作的干部、技术人员、农民、大学毕业生和军人等就有4万多人。”1952年7月14日，无缝钢管厂破土动工；8月1日，大型轧钢厂破土动工。次年春，七号高炉动工。

“三大工程”轰轰烈烈地上马了。

四、全国支援鞍钢

中共中央提出了“全国支援鞍钢”和“为鞍钢就是为全国”的口号，“三大工程”被列为全国经济建设的重中之重，鞍山市则由此划归中央政府直接辖管。

安装高炉的工程最为壮观。为了抢工期，工人们创造了立体交叉平行流水作业的方法。工程高36米，人们就搭起了8层的架子，多工种的工人在架子上同时进行8种作业，里外三层，上下八段。

一个负责安装管子的组长，看见别的组8小时装21根管子，但自己的组才装12根，蹲在工地上就哭了。一抹眼泪，这个组长带着全组重新调整劳动组织，最后达到了8小时装42根管子，全工地超额13.8%完成任务。

当时，道道工序紧密衔接，如果上道工序不能按时完成，下一道工序就要停工。于是，建设者们便你追我赶。这个热火朝天的九月后来也被鞍钢人称为“难忘的九月”。

来自大、小兴安岭，赣江和湘江流域的两万多立方米木材、关内外67个水泥厂供给的数万吨水泥，大连和沈阳供应的石棉，重庆供应的重轨，上海供应的电缆电线……全国有57个大中城市和199个工矿企业为鞍钢制造各种设备，提供生产建设用料。大批物资经由火车、汽车，甚至是大轱辘车或马车，源源不断地向鞍钢运送。

“为鞍钢就是为全国”是当时工业领域最响亮的口号。无缝钢管厂建设时急需一批搭脚手架的架工，鞍钢向南方有关单位求援，但那时中南地区的大部分架工都到荆江分洪工程去修筑水闸了，随后，衡阳、广州、桂林几地都被发动起来，短短十几天内就招募了100多名架工，送到鞍钢。

大型轧钢厂建设中，原先订购的电焊条不够用，再订货也已经来不及，国内也无处调拨。得知后，大连造船公司把计划内的150吨电焊条全部送到鞍钢，哈尔滨工业器材公司也把刚刚批下来的4吨电焊条全都支援出来，哈尔滨机车修理厂原先库存的电焊条只有一吨，也立即献出了一半。

最让鞍钢副经理王玉清印象深刻的，是锦州电气厂承制变压器时发生的一段故事。

1953年8月15日，当一列火车停在鞍山车站时，从拥挤的车厢里走出来一个人，身背着一台小型变压器，径直向鞍钢设备处走去。

这个人是锦州电气厂的一名车间指导员。

原来，在一周前，鞍钢设备处给锦州电气厂打了一个电话，说鞍钢无缝钢管厂工程需要一台小型变压器。

锦州电气厂的厂长接到电话后，马上让工厂把其他工作停下，组织工程技术人员连夜赶工，用三天就造出了一台变压器。

怎么送到鞍钢呢？有人建议用火车托运，但马上有人提出反对意见，担心火车辗转耽误，影响了鞍钢建设。最后，他们决定从厂里派一个最可靠的人，亲自把变压器送到鞍钢。几经遴选，选出了这名车间指导员。

8月15日夜间，在这位指导员的强烈要求下，变压器直接送到工地安装完成。他说："赶紧试一试，如果不合适，我们马上回去重新做一套。"当鞍钢设备处处长向这位运送变压器的指导员表示感谢时，没想到这位指导员反而郑重地说："是我们应该感谢你们。当我们厂里接到鞍钢订货任务时，都觉得很光荣，是沾了你们的光彩。"

五、伏尔加河上听见长江流水声

1952年8月，正是"三大工程"施工紧锣密鼓之时，周恩来率队登上了飞往莫斯科的飞机。他带领的这个阵容庞大的代表团，除了中国政府经济方面的领军人物陈云、李富春等，还有多名经济学家。

代表团此行的目的，是向苏联政府通报中国"一五"计划的编制情况，寻求苏联的帮助。

但是，对于如何开展即将开始的工业化建设，中国人显然没有多少经验，会谈是从苏联计划委员会14个副主席分别给代表团“上课”开始的。经过两个多月的学习，周恩来和陈云回国，李富春等人留下继续与苏方商谈经济建设援助中的具体细节。

“一五”计划洋洋十余万言，但其核心是苏联的援建项目，1953年5月15日，由李富春和米高扬分别代表中苏两国政府签订了《关于苏维埃社会主义共和国联盟政府援助中华人民共和国政府发展中国国民经济的协定》。根据协定，1953年至1959年，苏联将援助中国建设与改建91个工业项目，加上1950年签约援助的50个项目，共141个项目。1954年10月，苏联又追加援助15个项目。这样三批加在一起，总共156个重点项目。

这156个项目遍布国防工业、机械工业、电子工业、化学工业和能源工业等各个方面，新中国工业化之路由此得以从点到面地铺开，因此也被称之为“工业化奠基之役”。

当时，中苏双方针对鞍钢工程签订了更进一步的协议书，协定从1952年到1955年加大由苏联向鞍钢提供设备、设计项目，派遣专家和接受实习生的力度。其中，设计文件的交接、各项合同的签订都放在莫斯科进行。

刚过完25岁生日的赵栋梁就这样成了鞍钢国外小组成员。

平均每两三天，赵栋梁就得往国内发一批资料，国际邮寄需要称重，到了年底，他把所有单据加在一起，发现在小半年的时间里，他处理了设计和技术资料6.5吨。

1953年春天，鞍钢七号高炉工程正式开工，赵栋梁的工作更加繁重，他平均每两天开一次会，往国内邮寄的资料更是大幅增加。

刚开始，来回送资料都是用皮箱，不够用了就在国外买，但资料太重，皮箱用一次就坏了，很不经济。之后，国外小组从国内运来帆布袋，在里面衬上防水布，又轻便又结实，只是每次装满资料后，都得靠两个人抬。

同期，苏联派来大批专家指导“三大工程”，最多时达到100多人。

在七号高炉的工地上，一个苏联专家为了研究技术难题，把自己关在屋里七天七夜，饿了就抓起身边的馒头啃两口，困了就趴在桌上休息一会。七天后，他带着解决方案从屋里出来时，只见他头发蓬松，胡子老长，满脸憔悴，把大家都吓了一跳。

面对人们奇怪的目光，这个专家本人倒毫不在意，还高兴地说，熬了七天就出了方案，值!

六、鞍钢支援全国

最先竣工的是无缝钢管厂。

1953年9月15日，无缝钢管厂机组开始试车。10月24日，世界级冶金权威、苏联亚速钢厂总工程师罗曼可亲自坐镇，正式试轧热轧无缝钢管。

试轧现场一片紧张忙碌。调度室里的两台子母钟嗒嗒地响着，40多部电话不停地传达着指令，变电所、主电室、油库的工人眼睛紧紧盯着仪器仪表，加热工烧上了试轧的管坯，轧钢工调整好轧机，一切准备就绪……14时20分，第一根火红的无缝钢管顺利轧制成功。罗曼可检验各种参数后，满意地说：“就算在苏联，这也是质量上乘的。”

在这根钢管上，工人切下了长20厘米的一段，钳工邵明祥在上面刻下了“献给敬爱的毛主席”的字样，派专人送去北京。

这不是鞍钢送往北京的第一份“礼物”，却比其他的礼物更加意味深长。这是因为，“三大工程”中率先竣工的无缝钢管厂比预定时间提前了一个月，这足够使得他们赶在毛泽东60岁生日之前送上这段看似不起眼却意义重大的钢管。

1953年12月15日，鞍钢大型轧钢厂举行竣工移交生产签字仪式；12月18日，七号高炉竣工。至此，鞍钢“三大工程”全部完工。

1954年初，重工业部部长王鹤寿向中央呈交了一份报告，上面写着：大型轧钢厂工期一年零三个月；无缝钢管厂工期一年零三个月又十三天；七号高炉工期仅五个月零十天。“三大工程”创造出新中国工业建设史上的奇迹。

报告中，确定了要建设包头钢铁公司（当时称五四钢铁公司）和武汉钢铁公司，将和鞍钢一起形成“三足鼎立”的大型钢铁基地布局。王鹤寿通知鞍钢，这两个钢铁公司生产准备所需的主要技术力量、管理干部和技术工人全部由鞍钢承担培训和支援任务。

“三大工程”为中国的钢铁业开了个好头。1956年1月，鞍钢支援包头钢铁公司建设的200名干部和技术工人启程，同时，武汉、包头和本溪钢铁公司6000名技术工人到鞍钢学习培训。

此后的两年间，苏联帮助设计的156个重点项目中有106个正式施工，29个投产。到1955年年底，基本建设投资已经完成“一五”计划投资总额的51%，工业增长速度三年平均为17.4%，高于计划要求年平均14.7%的水平。

七、“十大关系”

1956年2月25日，王鹤寿站在中南海颐年堂门口时，早就打好了腹稿。

见到毛泽东，王鹤寿首先说，钢铁工业生产水平与解放初期相比，有了很大提高。钢铁工业可以提前一年完成“一五”计划。听到这里，毛泽东很高兴，不断插话询问。

接着，王鹤寿说，目前我国钢铁工业的水平还十分落后，1955年钢的实际生产量，仅相当于美国1886年水平，落后70年；1956年钢的计划产量为447万吨，仅相当于苏联1928年的水平。如果按人口平均，落后情况就更为严重。在产品品种质量等方面，我国钢铁工业更是十分落后。

说到这儿，王鹤寿话锋一转：“不过，钢铁工业发展速度有可能快一些，因为我国的科学技术水平比美国、苏联建设钢铁工业的初期起点要高一些。”

毛泽东听了，先是眉头一皱，说，要迎头赶上去，坚持不懈地干，总是可以赶上去的。当听到钢铁工业发展速度可以比苏联快一点时，他又说，应该是可以的。我们既有苏联的成功经验，又可以少走苏联走过的弯路。

这次在中南海的汇报，是王鹤寿主管钢铁工业以来，第一次详细地当面向毛泽东汇报工作情况，“以苏为鉴，走自己的路”这个说法，他也是头一次听到。40多年后，王鹤寿在一篇回忆文章中写道：“当时主席提到的借鉴苏联经验，走我国自己发展工业的道路的思考，给了我一个终生难忘的深刻印象”。

鞍山钢铁集团有限公司供稿

奋进向上新红旗

——中国第一汽车集团有限公司

中国第一汽车集团有限公司前身为第一汽车制造厂（简称一汽）是我国第一个五年计划期间建设的156项重点工程之一。工厂于1950年开始筹备，1953年兴建，1956年建成并投产。

新中国成立前的旧中国是很落后的，现代工业基本上是空白，连火柴、铁钉都被老百姓叫作“洋火”“洋钉”，更不用说造汽车了。因此新中国成立前夕，党中央就在思考新中国成立后的工业建设如何快速发展的问题。

中央编制第一个五年计划，一汽为156个项目之一。1955年7月30日，全国人大一届二次会议通过了中华人民共和国发展国民经济的第一个五年计划（1953—1957）。第一个五年计划的基本任务，概括地说来就是集中主要力量进行以苏联帮助我国设计的156个建设单位为中心的、由限额以上的694个建设单位组成的工业建设，建立我国的社会主义工业化的初步基础。

工业基本建设计划是五年计划的中心，以重工业为主的工业基本建设的目的，是要把我国国民经济技术从极端落后的状况推进到现代化技术的轨道上来，而为我国的工业、农业和运输业创造现代化的技术基础。为此，工业的基本建设计划就要建立由现代先进技术装备起来的新的工业，同时要用现代先进的技术来逐步地改造原有的工业。这种建设计划是我国五年计划的中心，而在苏联援助下的156个单位的建设，又是工业建设计划的中心，这种建设代表着我国人民的长远利益。

第一个五年计划在机器制造工业建设的具体部署包括为运输业服务的机器制造业，主要的建设单位有新建的汽车制造厂两个，汽车附件厂一个；新建的机车厂和客车厂各一个，改建的机车车辆厂两个。此外五年内还新建和改建机车修理厂五个，新建和恢复车辆修理厂各一个。这些单位分别在1955年到1960年相继建成。

早在1950年4月，中央人民政府重工业部成立了以郭力为主任，孟少农、胡云方为副主任的汽车工业筹备组。在以苏联斯大林汽车厂总设计师斯莫林为组长的苏联专家的协助下，开始了厂址选择、勘探设计等紧张的筹备工作。1951年初，遵照周恩来总理的指示，根据年产3万辆综合汽车厂的生产要求，确定长春西郊孟家屯车站西侧作为厂址的第一选择对象。同年3月19日，第一汽车制造厂在长春孟家屯车站西北侧地区兴建。

根据中央指示，汽车工业筹备组同苏方协商议定：中华人民共和国重工业部为总订货人，苏联汽车拖拉机工业部为总设计人，正式签订合同。由苏方负责设计、中方为设计提供资料。1951年4月政务院财经委批准一汽生产吉斯150型4吨卡车（一汽编号为CA10型），年产3万辆的设计任务书。

1952年7月，中央决定在长春成立“重工业部汽车工业筹备组六五二厂（一汽代号）”。同年12月28日中央任命饶斌为厂长，郭力、孟少农等同志为副厂长，顾循同志为书记。在饶斌同志的主持下，一汽建设准备工作加快了进度。

1953年6月，毛泽东主席签发了《中共中央关于力争三年建设长春汽车厂的指示》，并为一汽奠基题词“第一汽车制造厂奠基纪念”。1953年7月15日，举行隆重的奠基典礼，从全国各地调集的一万多名建设者在一匹红绸上签名向党中央表决心，开始了中国汽车工业史上一场空前的、规模宏大的建设工程。

现旗下拥有红旗品牌乘用车、奔腾乘用车、解放商用车等汽车品牌。业务领域包括汽车的研发、生产、销售、物流、服务、汽车零部件、金融服务、汽车保险、移动出行等。

中国一汽集团直接运营一汽红旗，同时拥有自主品牌解放、一汽奔腾、天津一汽、吉林一汽等品牌，并通过与德国大众、奥迪、日本丰田、马自达等国际知名企业合资合作，还产销大众、奥迪、丰田、马自达等品牌乘用车。

2017年，中国一汽共销售汽车335万辆，同比增长7.7%，实现收入4698亿元。中国一汽在努力推动中国汽车产业发展的同时，始终将践行企业社会责任作为企业发展的核心理念。过去五年，中国一汽在公益方面投入3.6亿元人民币，支持了一百多个企业社会责任项目，覆盖了西藏、青海、四川等西北、西南诸多贫困地区，直接或间接帮助超过10万余人脱离了贫困，受益人群超过150万人。

2018年10月24日，中国一汽与16家银行签署战略合作协议，本次各银行给中国一汽意向性授信共计10150亿元。

2019年9月17日，一汽集团旗下出行平台“旗妙出行”正式上线。

一汽围绕打造世界一流移动出行服务公司的发展愿景和目标，以品牌为核心，业务划分为七大板块，集团总部直营“红旗”品牌。

科技创新

在科技创新上，一汽拥有国家重点实验室和博士后工作站。近十年来，科技研发成果累计获得国家及行业奖项150多个，“解放第六代重型系列商用车及柴油机自主开发”项目，荣获国家科技进步一等奖。当前，一汽正积极整合全球优势资源，打造“三国五地”研发布局。

自主发展

在自主发展上，“红旗”“解放”品牌价值在国内自主轿车和自主商用车中始终保持第一。“红旗”L系列成为国家重大活动指定用车，彰显了国车风范。“解放”中重型卡车市场份额保持行业第一。“奔腾”是中国品牌汽车安全性能高、驾驶体验好的代表车型之一。

开放合作

在开放合作上，与大众、奥迪、丰田等跨国汽车公司建立了长期战略合作关系；积极参与“一带一路”建设，海外建厂1个，授权KD组装厂12个，业务覆盖48个国家。与地方政府、高校、企业、金融和科研等单位开展了全方位和深层次的战略合作。

面向未来

一汽正致力于推动企业的转型升级和跨越式发展，制定了面向未来的发展愿景，核心是“扛红旗、抓自主、强合作、狠创新、快布局、勇改革、严党建”，努力打造汽车产业生态圈，把一汽建设成为世界一流的移动出行服务公司。

2018年1月8日，一汽集团发布“新红旗品牌战略”，宣布构建红旗品牌的“智能出行生态圈”。同年10月16日，承载红旗战略转型新兴业务的高科技公司——红旗智行科技（北京）有限公司在北京成立，“旗妙出行”品牌为其持有。“旗妙出行”是由一汽主导建立，基于多类用车场景自主研发的中高端政商务出行服务平台，主营业务包含网约车、汽车租赁、汽车金融及新能源车辆运营等方面，红旗H7、H5、E-HS3为其运营主力车型。

2019年9月10日，“旗妙出行”官方宣布已完成基础平台搭建，并将正式运营。“旗妙出行”首先落地长春，并将陆续开通国内一线城市的出行服务。2019年9月17日，一汽集团旗下出行平台“旗妙出行”正式上线。

中国第一汽车集团有限公司供稿

中国动力风采

——哈尔滨电气集团有限公司

从诞生的第一天起，“承载民族工业希望，彰显中国动力风采”就是哈尔滨电气集团有限公司所肩负的历史使命。改革开放40年，中国以一种更加开放的姿态展现在世界民族之林。哈尔滨电气集团有限公司（简称哈电集团）与祖国同频共振，在“引进消化吸收再创新”的成功之路上阔步向前，从祖国北疆哈尔滨走到世界装备制造业舞台的中央。

哈尔滨电气集团有限公司是由国家“一五”期间苏联援建的156项重点建设项目的6项沿革发展而来，是为适应成套开发、成套设计、成套制造和成套服务的市场发展要求，最早组建而成的我国最大的发电设备、舰船动力装置、电力驱动设备研究制造基地和成套设备出口基地，是党中央管理的关系国家安全和国民经济命脉的国有重要骨干企业之一。

哈电集团从诞生的第一天起，就肩负起了“承载民族工业希望，彰显中国动力风采”的历史使命。几十年来，作为共和国装备制造业的“长子”，哈电集团恪守使命，模范地履行着中央企业的政治责任、经济责任和社会责任，紧紧依靠科技创新不断提升核心竞争力，很好地发挥了中央企业的带动力和影响力，走出了一条独具特色的“引进、消化、吸收、再创新”的成功之路，创造200多项“中国第一”，实现了我国发电设备制造水平和自主创新能力的新跨越，实现了发电设备由中国制造向中国创造的转变，为国家电力建设作出了重大贡献。

改革开放40年，在党中央的坚强领导下，哈电集团始终模范履行着央企的政治责任、经济责任和社会责任，肩负起“承载民族工业希望，彰显中国动力风采”的使命，引领着发电设备技术前行，推动着“中国制造”向“中国创造”的转变。

改革开放40年，特别是党的十八大以来，哈电集团深入学习贯彻习近平新时代中国特色社会主义思想，贯彻“五大发展理念”，积极落实“五位一体”总体布局和“四个全面”战略布局，全力推进质量变革、效率变革、动力变革，筑牢国有企业坚持党的领导、加强党的建设这个“根”和“魂”，确保党中央、国务院各项重大决策部署贯彻到位、执行到位、落实到位。

挺起民族脊梁，跑出中国速度

装备制造业是国家的综合国力的标志。增强国家综合国力，必须要有一大批体现国家战略的重大科技成果。习近平总书记指出“关键核心技术是要不来、买不来、讨不来的”。这就是哈电集团的初心：依靠自己，创新驱动，承载民族工业希望，彰显中国动力风采。40年细数风流，哈电集团用“中国速度”向着发电设备技术国际领先水平奔跑。

我国发电设备技术研制起步较西方晚了近百年。面对共和国一穷二白、百废待兴的现实，哈电集团担负起了共和国装备制造业“长子”的责任。从1951年建造新中国第一台四川下硐0.8兆瓦水电机组到建设我国第一座自行设计和自制设备的新安江72.5兆瓦大型水力发电站，开启了我国电力建设发展的新征程。中国工程院院士梁维燕总结说："通过设计制造72.5兆瓦水电机组，哈电集团已具备了生产较大型水电机组的能力。"之后，云峰、刘家峡、葛洲坝、白山、岩滩、天生桥等多家水电站研制建设，产品愈来愈多，容量愈来愈大，哈电集团走上了一条立足国内、自力更生、艰苦奋斗的独立发展之路。

"曲栏幽榭终寒窘，一看郊原浩荡春"。改革开放打开了国门，哈电集团大胆走出去、请进来，通过广泛的交流与合作，加快了自主创新的步伐，在产品上容量、上等级、上水平的道路上阔步向前。

1981年，改革开放之初哈电集团就在中国水电史上写下光辉的一页。这一年，葛洲坝125兆瓦水电机组并网发电，这个完全自主设计制造的水电机组，1985年荣获国家科技进步特等奖，1986年获我国水电设备国家质量金奖。这是我国第一枚发电设备金质奖章，是共和国水电事业的最高荣誉。葛洲坝水电枢纽这座中国水电丰碑，为建设大三峡奠定了坚实基础。

在不断的交流、合作、创新中，哈电集团相继掌握了300兆瓦、600兆瓦亚临界火电三大主机技术、100兆瓦级循环流化床锅炉技术等。自主开发、合作制造了一系列具有国际水平的产品。如当时国内最高水头的鲁布革150兆瓦混流式水轮发电机组、当时世界上单机容量最大国内推力负荷第一的水口电站200兆瓦高水头轴流式水轮发电机组、转轮直径分别位居当时世界第三和第四位的五强溪和岩滩水轮发电机组、当时国内运行单机容量最大的二滩电站550兆瓦水轮发电机组、试制完成我国首台600兆瓦亚临界火电机组等。

20世纪90年代初，正当哈电集团为三峡机组的研制紧锣密鼓地进行筹划的时候，一股合资风漫天地刮了起来。与外资企业合资，可以直接走上高端生产制造的平台，员工收入也会在当时条件下大幅提高，但前提是必须放弃研发。哈电人没有被风靡一时的合资风吹晕，抵挡住了短期高工资的诱惑。放弃研发权，企业就会变成一个单一的加工厂，永远停留在“打工”阶段，受制于人。作为共和国装备制造业的“长子”，哈电集团不会这样选择，因为我们没有忘记初心，更不会改变初心，必须肩负起自己神圣的使命，走创新发展之路，推动企业发展，推动民族工业发展。当时，时任领导针对这样的合资做了一个重要批示：“还是给民族工业留一片净土吧！”这个重要批示给予哈电集团巨大的鼓舞，更坚定了哈电集团坚持走自主创新发展之路的信心和决心。

40年来，哈电集团没有辜负这份信任与期待，用中国速度向着发电设备技术国际领先水平奔跑，不断缩短着距离。

1997年9月，哈电集团挑起了建设大三峡的重担。在承揽的左岸8台分包任务的设计生产制造过程中，虚心做学生，向国外合作伙伴派出了最强的技术力量，全过程参与机组的设计、制造、安装和调试。6年时间，完成了从分包商向独立承包商的重大角色转变，并创造了闻名全国的“三峡模式”，在全国科技大会上得到国家领导人的高度赞扬。在左岸机组联合设计、制造的同时，哈电集团科研团队开始了三峡右岸机组的研究开发。在其后独立设计制造的三峡右岸机组的设计制造过程中，又大胆创新，把自主研发的空冷技术应用到巨型水轮发电机上，成功地制造出我国首台具有自主知识产权的、代表当今世界最高水平的巨型水轮发电机组，开创了我国巨型水轮机组制造的新纪元。

2008年1月，我国水电专家得出鉴定结论：哈电集团自主研制具有自主知识产权的巨型全空冷水电机组总体技术达到国际先进水平。大型空冷机组制造技术已经达到了世界超一流的水准。这是我国水电制造史上的又一个重大里程碑。从这一刻起，在世界水电领域，中国人真正地挺直了民族的脊梁，站立起来了！

三峡左岸转轮效率94.5%，右岸转轮效率94.63%，构皮滩转轮效率95.27%；三峡700兆瓦巨型全空冷水电机组运行发电，溪洛渡770兆瓦巨型全空冷水电机组运行发电，向家坝800兆瓦巨型全空冷水电机组运行发电。2017年，白鹤滩水电站右岸电站1000兆瓦自主知识产权的水轮发电机组及其附属设备的研发、制造全面开工，哈电集团挑战自我，超越自我，再一次登上世界水电高峰的“无人区”。

这就是哈电集团的步伐，这就是中国速度。

消化吸收创新，登上世界舞台

党的十八大以来，哈电集团更是步入科技创新进步快速发展的高速轨道，开启了企业发展的新篇章。

2015年，世界首台最高参数的华能安源电厂660兆瓦二次再热超超临界锅炉和世界效率最高、能耗最低、指标最优、环保最好的华能莱芜1000兆瓦超超临界二次再热锅炉相继投运，一举成为世界绿色煤电的标杆示范机组。2016年12月，在北京人民大会堂，哈电集团“燃用准东煤超超临界锅炉研制及工程应用示范项目”摘得“中国工业大奖”桂冠，成为行业唯一获此殊荣的企业。

准东煤燃烧技术是世界性难题，据权威部门探测我国新疆准东煤储备足够全国使用百年。哈电集团的技术成果将准东煤资源变废为宝：新疆特变电工2台350兆瓦超临界锅炉掺烧90%以上的准东煤，连续安全可靠运行四年以上。2014年，国内单机容量最大的新疆信发电厂2台1100兆瓦大容量褐煤锅炉成功投运，标志着褐煤燃烧技术又上一个台阶。同时，哈电集团致力于高效超超临界前沿技术的研发，具有自主知识产权的1000兆瓦高效超超临界汽轮机应用于九江、罗源湾等项目；660兆瓦高效超超临界锅炉技术应用于华能长兴项目，是国内首台达到高效设计参数的超超临界机组。目前国内投运的150余台褐煤机组锅炉，95%由哈电集团研制。

抽水蓄能电站被称为水电“皇冠上的明珠”。哈电集团拥有自己的抽水蓄能技术研发设计制造体系，掌握着机组的核心技术。2016年，从我国首台自主知识产权的响水涧抽水蓄能机组，到国内单机容量最大的仙居抽水蓄能机组，哈电集团“一年四投”把这些大容量、高转速、安全可靠的“明珠”镶嵌在祖国的大好河山。

2007年，依托浙江三门核电站一期工程两台1250兆瓦等级核电汽轮机合同，哈电集团成为世界上首个进军三代核电领域的企业。同年，被确定为AP1000蒸发器承制单位和核主泵电机国内唯一承制单位。在创新驱动中国核电自主化进程中，拥揽了“AP1000、华龙一号、CAP1400等系列核电产品的研发制造”成果，拥揽了“三门、海阳AP1000核电汽轮发电机组非核冲转相继取得成功”的业绩，拥揽了“VVER型百万核电机组MSR自主化研发国际领先的技术”。2016年，自主设计制造的国家科技重大专项CAP1400主泵屏蔽电机样机成功交付，标志着哈电集团CAP系列主泵屏蔽电机制造、检验和试验的关键技术，100%实现制造国产化，成为国内唯一一家同时具备设计、制造核电轴封主泵和屏蔽主泵电机资质和能力的企业。2017年9月，巴基斯坦恰希玛核电站C4机组竣工，300兆瓦核电轴封式主泵是哈电集团自主设计制造，是我国第一套出口的自主化核主泵，荣获“2016年度核能行业科技进步一等奖”等多项殊荣。2018年3月，由哈电集团自主研发制造的世界先进水平，被誉为特高压电网“定海神针”的全空气冷却新型调相机亮相央视《大国重器》英雄谱。

积极推进能源生产和消费革命，构建清洁低碳、安全高效的能源体系，哈电集团利用自主建设的高效清洁燃煤电站锅炉国家重点实验室进行了大量的燃烧试验研究，自主研发了燃煤耦合垃圾、生物质等发电技术，垃圾焚烧与大型燃煤机组耦合发电技术于2017年率先通过国家能源局评审，对破解秸秆直焚顽疾和城市垃圾处理难题提供了新的解决方案。2018年，燃煤耦合生物质发电技术又取得重大突破，成功破解秸秆在田间直接燃烧造成环境污染及资源浪费难题，并中标国内首个最大国家级燃煤耦合生物质气化发电技术改造试点示范项目——大唐吉林长山热电厂660兆瓦超临界燃煤发电机组耦合20兆瓦生物质发电改造示范项目总承包合同，在加快转型升级、实现动力变革方面迈出了坚实的一步。

40年来，哈电集团在发电设备高端领域前行，实现了一个又一个突破：从容量200兆瓦到1000兆瓦等级的跃升，结束了中国发电机组在高能耗、小容量低谷的徘徊；从超高压、亚临界、超临界到超超临界高参数的疾速跃进，掌握了当今世界最先进、节能、环保的发电设备设计制造技术；从常规火电机组到核电机组的跨越，打破了西方核技术垄断，成为世界上为数不多可以独立建造核电主设备的企业；从0.8兆瓦水电机组到800兆瓦空冷水电机组的运行，直至目前世界最大1000兆瓦巨型空冷水电机组在制，哈电集团站在了世界水电之巅。

改革开放的40年中，哈电集团服务国家意志，选择了正确的技术发展路线，用中国速度追赶着发电设备技术国际先进水平，开发、储备了一大批体现国家战略意图的重大科技项目成果，推动了我国发电设备制造水平和自主创新能力的新跨越，实现了发电设备由中国制造向中国“创造”的根本转变。当今，哈电集团拥有的大国重器，挺起了民族工业的脊梁。

传播中国动力，点亮“一带一路”

40年抚今追昔，哈电集团让中国动力走向世界。

改革开放打开了国门，徜徉在改革开放的大潮中，哈电集团践行着“为世界提供动力，为人类带来光明”的企业宗旨，率先将“中国动力”的名片送出国门，向世界传递着无疆大爱。

1983年，哈电集团在巴基斯坦成功建设了古杜电厂，实现了中国重型装备首次商业出口，迈出了哈电集团产品走向世界的第一步。2001年，签署了“苏丹吉利2×206B联合循环电站工程EPC总承包合同”，这是中国公司在非洲承建的第一个大型交钥匙电站工程项目，该项目获得苏丹国家领导人的高度赞赏，苏丹总统巴希尔先生在苏丹吉利一期工程竣工典礼上动情地说：“是谁给我们带来了光明？是中国哈电集团的朋友！感谢你们！”麦络维项目是哈电集团承建的第一个大型专业输变电项目，是迄今为止世界上单个工程线路最长的项目，创造了中国500千伏输变电设备零出口的业绩。它是麦罗络大坝项目的配套项目，是苏丹北部地区的主干电网，从根本上解决苏丹的用电短缺问题，被苏丹人民称为“苏丹的三峡工程”。在非洲市场，哈电集团又相继承接了苏丹吉利二期、三期工程等众多项目。因在苏丹吉利二期工程的出色表现，2007年4月，中华全国总工会授予苏丹工程项目部“全国五一劳动奖状”。

2006年4月，哈电集团产品首次打入发达国家，与澳大利亚HRL公司签署400兆瓦褐煤电厂开发项目合作协议。2008年5月，哈电集团正式签订俄罗斯特罗伊茨克2台660兆瓦燃煤发电机组三大主机供货合同，凭借着无可争议的竞争力，中国大型发电设备项目首次进入俄罗斯市场。而这更具有的特殊意义是，当年依托苏联技术起步的中国发电设备制造业拉开了产品反向出口俄罗斯的序幕。同年6月，国内唯一具有自主知识产权的自主设计、自主制造、自主安装和自主调试的恰希玛核电站二期工程蒸汽发生器竣工庆典仪式在哈电集团的生产车间隆重举行，标志着哈电集团已完全具备自主生产核电蒸汽发生器能力，成功挺进核岛主设备领域，并打入国际市场。

2013年，我国领导人提出“一带一路”的重大倡议，确立了中国对外开放的新格局。秉持“共商、共建、共享”的原则，用中国的凌云之笔，为世界描绘了一幅互联互通的宏伟蓝图，开启了共同建设地球大家园的俊美画卷。

哈电集团厚积薄发，走在前列，驰骋在“一带一路”上，浓墨重笔在这幅俊美画卷上绽放着美丽，收获着梦想，更传递着无疆大爱。

土耳其泽塔斯三期两台660兆瓦超临界火电总承包项目是国家“一带一路”倡议中，中国工程总承包企业在欧洲市场的重点项目。该项目比计划提前两个半月获得完工证书，创造了总承包项目建设工期最短、质量优秀、电站效率和排放均符合要求的良好成绩。2018年，该项目获得土耳其最佳火电项目奖，哈电集团国际公司也因此荣获土耳其火电类最佳EPC承包商奖。

印尼万丹670兆瓦超临界燃煤电站项目是印尼政府电力5年规划中第一个进入商业运行的IPP电厂项目。该项目主机设备由哈电集团设计制造，是“中国制造”的标志性工程，再一次在印尼电力市场叫响了“哈电品牌”。

孟加拉国巴库275兆瓦燃煤火电项目是哈电集团与孟加拉国电力发展总署签订的首个煤电项目。该项目提前5个月移交，展现了“哈电制造”机组的优良性能、高效执行的“中国速度”。

乌兹别克斯坦安格连项目是上合组织成员国的优惠贷款项目，也是哈电集团“一带一路”标志性的重点项目。该项目三大主机均来自哈电集团。项目建设提前100天发电，发电正值乌兹别克斯坦独立25周年，成了乌兹别克斯坦独立25周年的献礼工程。蒙古额尔登特自备电厂扩建项目是中蒙两国“一带一路”对接标志性项目，也是哈电集团在蒙古市场的首个电力项目。2017年荣获“蒙古国国家优质项目奖”。

2017年10月，哈电集团与巴基斯坦Quaid-e-Azam电力公司（QATPL）在拉合尔签订巴基斯坦必凯1180兆瓦联合循环电站项目长期运行维护合同。2018年3月，签订了巴基斯坦贾姆肖罗2×660兆瓦超超临界燃煤电站项目总承包合同及5年运行维护合同。该项目是以“EPC+O&M”总承包模式（即设计、采购、施工加运营、维护总承包模式）建设的大型燃煤火电项目，是哈电集团深入贯彻落实党的十九大精神，积极响应“一带一路”倡议又一成果，实现了从EPC向“EPC+O&M”总承包模式的转型，充分发挥了央企在推动形成全面开放新格局中的引领作用。

作为我国最早“走出去”的领军企业，哈电集团与巴基斯坦在电力领域携手走过了35个春秋，在巴基斯坦人民心中哈电集团就是质量和信誉的代名词。早在1987年，哈电集团就在巴基斯坦承建了贾姆肖罗3×210兆瓦EPC总承包项目，这是当时中国在海外承建的最大的电力工程，推动中国国产大型电站设备走向世界。30多年来，哈电集团凭借着雄厚的实力和良好的品牌形象，树起了一座精品工程丰碑，续写着中巴友谊合作。

诠释社会责任，传递无疆大爱

“共商、共建、共享”，是“一带一路”倡议遵循的原则。哈电集团在“一带一路”建设中，不仅仅是传播中国动力，更用自己的实践行为诠释着中国企业的社会责任，传递着无疆大爱。

2016年6月，哈电集团在迪拜哈利法塔签订阿联酋迪拜哈斯彦（Hassyan）4×600兆瓦清洁燃煤电站BOO项目的EPC总承包合同。这是哈电集团积极践行“一带一路”倡议的又一具体实践，是企业实施“走出去”战略的一个突破，标志着哈电集团成功挺进一直由发达国家垄断的中东高端电力市场，进一步扩大了哈电集团在中东乃至世界电力市场的知名度和影响力。

迪拜哈斯彦清洁燃煤电站项目是中东地区首座清洁燃煤电站，对加快中国企业投身“一带一路”建设具有重要的战略意义、巨大的示范效应和辐射作用。该项目包括了众多的中国元素，它实现了中国投资、中国融资、中国总包、中国设计、中国制造、中国建造，是央企强强联合、团结一致、共同服务海外的典型案例。

迪拜哈斯彦清洁燃煤电站项目建设，是哈电集团履行企业社会责任的具体实践。秉承“友好环境、温馨家园”的社会责任观，哈电集团积极履行企业的社会责任及环保义务，用实际行动向国际社会证明项目的建设可以充分保护属地生态圈环境。在该项目建设过程中，哈电集团采用了最先进的燃烧、脱硝、除尘及脱硫技术，保证电厂运行期间排放中粉尘、硫化物及氮化物指标优于世界同类型机组，切实履行保护空气和大气的责任。“清洁、环保、和谐、共赢”在迪拜哈斯彦清洁燃煤电站项目中得到了全面体现。在项目施工期间，哈电集团对施工区域内的28000多株珊瑚进行移植和培养，将泻湖区内鱼类全部转移至大海；在每年海龟繁殖期，按照与迪拜环保组织共同制订方案，对海龟进行监控与保护；十余套水质及空气质量监测站的安装，确保对施工区内所有环境参数的实时监测；十余公里防淤帘将海域内可能的环境风险降至最低。

环境保护工作得到了当地政府和业主的充分肯定。阿联酋海洋环境组织主席和创始人阿里·萨格尔说：“看到像哈电集团一样的中国企业帮助我们进行环境保护，我很感动。哈电集团颇负盛名，给了我们很多帮助。”中国驻迪拜总领馆总领事李凌冰女士表示，哈电集团在走出去的中国企业中已经达到了全新的高度，起到了极好的示范作用，也让迪拜政府对中国企业有了全新的认识。

2018年7月，阿联酋《联邦报》《国民报》发表题为《携手前行，共创未来》的署名文章，列举了中阿两国友好合作取得的一系列标志性成就，重点提及哈电集团承建的迪拜哈斯彦清洁燃煤电站项目，指出，“作为丝路基金在中东的首单投资，哈斯彦清洁燃煤电站建成后也将是中东首个清洁燃煤电站。”

40年驻足回眸，哈电集团在“走出去”的过程中传播着中国动力，创造了众多“第一”。中国第一个大型电站机组出口、中国在海外建设的线路最长的输变电项目、中国第一个联合循环电站出口、中国第一个单机容量最大的火电总承包项目、中国首个海外总装机容量最大的H级联合循环电站项目、首个中资企业在中东市场投资承建的电力项目。40年来，哈电集团在合作中积累，在积累中创新，在创新中升华，在升华的过程中打造着自己的国际品牌。40年来，哈电集团伴随着改革开放和“一带一路”倡议，源源不断地将中国动力送出国门，光耀世界。

哈尔滨电气集团有限公司供稿

高峡出平湖

——葛洲坝水利枢纽工程

葛洲坝水利枢纽位于中国湖北省宜昌市境内的长江三峡末端河段上，距离长江三峡出口南津关下游2.3公里。它是长江上第一座大型水电站，也是世界上最大的低水头大流量、径流式水电站。1971年5月开工兴建，1972年12月停工，1974年10月复工，1988年12月全部竣工。坝型为闸坝，最大坝高47米，总库容15.8亿立方米。总装机容量271.5万千瓦，其中二江水电站安装2台17万千瓦和5台12.5万千瓦机组；大江水电站安装14台12.5万千瓦机组。年均发电量140亿千瓦时。首台17万千瓦机组于1981年7月30日投入运行。

葛洲坝工程具有发电、改善航道等综合效益。

电站装机容量271.5万千瓦，单独运行时保证出力76.8万千瓦，年发电量157亿千瓦·时（三峡工程建成以后保证出力可提高到158万~194万千瓦，年发电量可提高到161亿千瓦·时）。电站以500千伏和220千伏输电线路并入华中电网，并通过500千伏直流输电线路向距离1000公里的上海输电120万千瓦。库区回水110～180公里，使川江航运条件得到改善。水库总库容15.8亿立方米，由于受航运限制，2013年无调洪削峰作用。三峡工程建成后，可对三峡工程因调洪下泄不均匀流量起反调节作用，有反调节库容8500万立方米。

自毛泽东1964年五六月间提出“要下决心搞三线建设”的方针之

后，翌年10月全国计划会议提出1966年国民经济计划按照“大小三线建设和一、二线国防工业、战备工程”为重点优先的安排意见。宜昌及鄂西地区，十堰及鄂北地区都成为三线建设地区。至1967年夏已有十多个大中型企业兴建于宜昌。之后，一大批国防军工企业和科研单位落户宜昌山区。一下子增加这么多用电大户，湖北全省及邻近省份陷于电力严重短缺的困境。

1970年5月，为了缓解华中地区工业用电十分紧缺的局面，武汉军区和湖北省革命委员会向中央建议先修建葛洲坝工程。中央在研究了葛洲坝工程与三峡工程的关系，并听取了对先建葛洲坝工程的不同意见后，于1970年12月26日批准了兴建葛洲坝工程，并指出这是有计划、有步骤地为建设三峡工程做实战准备。

长江三峡段，坡度陡，落差大，峡长谷深，不但水利资源丰富，又有优良的坝址，是建设大型水利枢纽工程的理想地点。毛泽东曾为此写下了“高峡出平湖”的壮丽诗篇。葛洲坝水利枢纽工程位于宜昌市区西部的长江干流上，坝址距三峡出口南津关2.3公里，距三峡大坝坝址37公里，距宜昌市中心4公里，因坝址横穿江心小岛葛洲而得名。这里的江中有葛洲和西坝洲两个小岛，把长江分割成三条水道。

周恩来向全国人民提出了“为充分利用中华人民共和国五亿四千万千瓦的水力资源和建设长江水力枢纽的远大目标而奋斗”。

1958年二、三月间，周恩来在李富春、李先念两位同志的陪同下，从武汉溯江而上，视察了三峡，踏勘了三峡的两个坝区，便确定了长江的治理和远景规划。

1970年冬，周恩来亲自主持中央政治局会议，研究和讨论了长江三峡枢纽工程的组成部分——葛洲坝水利枢纽工程的有关问题。随后，毛泽东批示“赞成兴建此坝”。同年12月30日，正式开始建设葛洲坝水利枢纽工程。

1981年1月4日，中华人民共和国万里长江第一坝——葛洲坝水利枢纽工程大江截流工程胜利合龙。大坝建成后，抬高了长江水位，有效地改善了三峡天然航道。“朝辞白帝彩云间，千里江陵一日还。两岸猿声啼不住，轻舟已过万重山。”已不再是诗人的夸张和美好的幻想，如今已成为活生生的现实。

主要结构

葛洲坝水利枢纽工程由船闸、电站厂房、泄水闸、冲沙闸及挡水建筑物组成。船闸为单级船闸，一、二号两座船闸闸室有效长度为280米，净宽34米，一次可通过载重为1.2万～1.6万吨的船队。每次过闸时间约50～57分钟，其中充水或泄水约8～12分钟。三号船闸闸室的有效长度为120米，净宽为18米，可通过3000吨以下的客货轮。每次过闸时间约40分钟，其中充水或泄水约5～8分钟。上、下闸首工作门均采用人字门，其中一、二号船闸下闸首人字门每扇宽9.7米、高34米、厚27米，质量约600吨。为解决过船与坝顶过车的矛盾，在二号和三号船闸桥墩段建有铁路、公路、活动提升桥，大江船闸下闸首建有公路桥。

两座电站共装有21台水轮发电机组，其中：大江电站装机14台、单机容量12.5万千瓦，二江电站装机7台（17万千瓦2台、12.5万千瓦5台），总装机容量271.5万千瓦，每年可发电157亿千瓦时。电能分别用500千伏和220千伏外输。

二江泄洪闸是葛洲坝工程的主要泄洪排沙建筑物，共有27孔，最大泄洪量83900立方米/秒，采用开敞式平底闸，闸室净宽12米，高24米，设上、下两扇闸门，尺寸均为12×12米，上扇为平板门，下扇为弧形门，闸下消能防冲设一级平底消力池，长18米。大江冲沙闸为开敞式平底闸，共9孔，每孔净宽12米，采用弧形钢闸门，尺寸为12×19.5米，最大排泄量20000立方米/秒。三江冲沙闸共有6孔采用弧形钢闸门，最大泄量10500立方米/秒。如果您是汛期到此，那么您将观赏到：泄洪闸前，洪波涌起，惊涛拍岸。巨大的水头冲天而起，溅起的水珠形成漫天水雾，即使您立于百米之外，也会感到水气拂面，沾衣欲湿；如遇朗朗晴天，水雾反射的阳光，在泄洪闸前形成一道彩虹，直插江中，极为壮观。

三座船闸中，大江1号船闸和三江2号船闸为中华人民共和国和亚洲之最。船闸各长280米、高34米，闸室的两端有2扇闸门，下闸门两扇人字型闸高34米，宽9.7米，重600吨，逆水而上的船到达船闸时上闸门关闭着，下闸门开启着，上下游水位落差20米，船驶入闸室内，下闸门关闭，设在闸室底部的输水阀打开，水进入闸室，约15分钟后，闸室里的水与上游水位相平时，上闸门打开，船只驶出船闸。下水船过闸的情况下好相反。每次船只通过葛洲坝大约需要45分钟。

外形结构

葛洲坝水利枢纽工程位于湖北省宜昌市三峡出口南津关下游约2.3公里处。长江出三峡峡谷后，水流由东急转向南，江面由390米突然扩宽到坝址处的2200米。由于泥沙沉积，在河面上形成葛洲坝、西坝两岛，把长江分为大江、二江和三江。大江为长江的主河道，二江和三江在枯水季节断流。葛洲坝水利枢纽工程横跨大江、葛洲坝、二江、西坝和三江。

建造过程

葛洲坝水利枢纽建成于1988年，前后经过18年始成。葛洲坝水利枢纽工程是一项综合利用长江水利资源的工程，具有发电、航运、泄洪、灌溉等综合效益。葛洲坝水利枢纽工程的兴建，将使坝的上游水位提高20多米，向上游回水100多公里，形成一个蓄水巨大的人造湖，同时也有效地改善三峡航道的险恶之情。为了保证建坝后的顺利通航，葛洲坝水利枢纽工程建有三座大型船闸，其中一号船闸建在大江上，面积相当于两个篮球场那么大，比著名的美国田纳西河上的威尔逊人字门还要大，可谓“天下第一门”。

葛洲坝水利枢纽工程的研究始于20世纪50年代后期。1970年12月30日破土动工。1974年10月主体工程正式施工。整个工程分为两期，第一期工程于1981年完工，实现了大江截流、蓄水、通航和二江电站第一台机组发电；第二期工程1982年开始，1988年底整个葛洲坝水利枢纽工程建成。

在大坝合龙过程中，当龙口只剩20米宽时，滔滔的江水咆哮着、怒吼着，25吨重的混凝土块一投下去马上就被发狂的江水轻易冲走，冲了再投，投了再冲，就这样一直持续了两个多小时，坝头仍毫无进展。后来截流大军用粗实的钢丝绳把四个25吨重的混凝土块联成“葡萄串”，两岸同时把两幢共重200吨的“葡萄串”抛入龙口，大坝才终于合拢。

建坝后由于航道水位提高，一扫过去三峡航道上的险滩，使货运量由400万吨左右猛增到5000万吨以上。发电是建坝的一个重要原因，大江和二江河道上各建一座低水头经流站，二江电站的机组是中华人民共和国目前最大的低水头转桨式水轮发电机组。葛洲坝水电站的电流不断输往湖南、湖北、河南等地。为了防止泥沙淤积，大坝两边还建造了两座冲沙闸，用来束水冲沙。若无此装置，坝的上游只需100年就会被泥沙填平，整个工程全部报废。为了在特大洪水时泄洪，葛洲坝还具有泄洪闸，既下泄洪水，又对洪水起到缓冲作用，在一定程度上减轻洪水对下游的危险。

葛洲坝不仅仅是一项重要的水利工程，同时也是一座纵贯南北的长江大桥，其坝顶建有铁路、公路和人行道，连接了鄂西地区的南北道路。游人参观葛洲坝，可先到葛洲坝工程局接待室观看大坝电动模型和大江截流彩色纪录片，然后上坝饱览壮丽的大坝风光。

设施

坝轴线长2595.1米，设计蓄水位高程66米，坝顶高程70米。大坝使上游水位抬升20多米，控制流域面积100万平方公里，总库客15.8亿立方米。洪水季节回水110多公里，到达巴东以上；枯水季节回水210多公里，到达奉节县城，可将三峡暗礁险滩淹没，改善了川江航道。

两座电站的厂房，分设在二江和大江。二江电站设2台17万千瓦和5台12.5万千瓦的水轮发电机组，装机容量为96.5万千瓦。大江电站设14台12.5万千瓦的水轮发电机组，总装机容量为175万千瓦。电站总装机容量为271.5万千瓦。二江电站的17万千瓦水轮发电机组的水轮机，直径11.3米，发电机定子外径17.6米，是当前世界上最大的低水头转桨式水轮发电机组之一。二江泄水闸共27孔，是主要的泄洪建筑物，最大泄洪量为83900立方米/秒。三江和大江分别建有6孔9孔冲沙闸，最大泄水量分别为10500立方米/秒和20000立方米/秒，主要功能是引流冲沙，以保持船闸和航道畅通；同时在防汛期参加泄洪。挡水大坝全长2595米，最大坝高47米，水库库容约为15.8亿立方米。

此工程已成了宜昌市的一个主要的参观点，每年都要接待数以万计的参观者。这座工程共需开挖回填土石方1.13亿立方米，这等于是把一座高山搬走。浇灌混凝土共达1113万立方米。如果说一辆卡车可运5立方米混凝土的话，那么这么多混凝土就需要200多万辆卡车才能运完。所需金属共7.75万吨。这些金属用来造船的话，可造万吨轮七八艘。葛洲坝的功能之一是防洪。大坝总库容量15.8亿立方米，控制坝上流域面积100平方公里。大坝刚建成，于1981年7月出现了百年来最大洪水7.2万立方米/秒的考验，安然无恙。葛洲坝另一功能是发电。整个工程有两座发电厂分设在二江和大江上，共装机21台，总271.5万千瓦，年平均发电量为141亿度，是世界大型水电站之一。葛洲坝建船闸三座和两条航道，可通过万吨级的轮船，为当今世界最大的船闸之一。

技术问题——泥沙问题

解决坝区引航道泥沙淤积，是保证航运畅通的首要问题。根据颗粒分析：其中小于0.1毫米的冲泻质泥沙4.64亿吨；0.1～1.0毫米以上的粗沙、砾石、卵石约57万吨，全部推移。悬移质汛期占90%，推移质更集中在汛期，枯季只占1%～2%。

为了解决水流条件与泥沙淤积的矛盾，参照我国多年来治河工程以及水库冲淤的经验，结合长江水量丰沛、含沙量不大的特点，考虑采用防淤堤把引航道与主流分开，并设置冲沙闸，形成有利于束水冲沙的人工航道，通过“静水过船，动水冲沙”的途径，解决引航道淤积问题。

技术问题——通航问题

川江航道全长660公里，水流湍急，滩险很多，有些滩险在洪枯期需设绞过滩，通过能力受到限制。

葛洲坝水利枢纽建成后，汛期大洪水时，回水110公里，到巫峡下口的官渡口；非汛期回水180公里，到瞿塘峡下的黛溪。回水所及，正是川江航道最艰险的一段，这段航道得到了改善。

建坝后，对于通航问题，除防止航道淤积问题已如前述外，主要有：引航道布置问题；船闸规模问题和南津关航道整治问题。

一、引航道布置问题

据长航资料，川江航运最大驳船为1500吨，吃水2.6米。现在营运的最大船队组成为二艘1500吨驳船，一艘800吨驳船，加拖轮，三驳一顶，船队长163米，宽27米，要求航道最小水深2.9米，最小宽度90米，规划远景最大船队为四艘3000吨驳船加拖轮，天平形船队，长230米，宽31.6米，吃水3.30米。上游引航道直线段长度为1000米，三江下游航道宽为150米，水深减为4.5米，可以满足通航要求。

二、关于船闸规模

地方航运部门规划，1990年过坝货运量为473万吨（其中下水440万吨）。三江船闸选用一大一小方案，大船闸长280米，宽34米，槛上水深5米；小船闸长120米，宽18米，槛上水深3.5米。

三、南津关航道整治问题

建坝后，船队出南津关进入三江和大江航道，需绕开泡漩区或穿过泡漩区，航行有困难。

整治标准：考虑到远景三峡枢纽建成后，百年一遇下泄流量不超过

45000立方米/秒。因此要求在5000立方米/秒时，能正常通航近远期最大船队，上游口门外500米范围内，航道宽度为200米，能保证船队安全航行。要求纵向流速不大于2米/秒，横向流速不大于0.3米/秒。最高通航流量为60000立方米/秒，考虑船队减驳减载，要求上游口门外500米范围内，航道宽度为120米。

技术问题——导流截流问题

三江泄水闸承担着以下主要任务：

1．永久性长期泄洪时，有良好的上下游水流衔接条件，保持有利的河势。

2．大江截流时过水，保证胜利截流。

3．二期导流时，通过绝大部分的水流，消能防冲问题得到很好解决，保证建筑物安全。

4．排泄推移质泥沙。

5．加大导流过水能力，降低二期大江上游围堰施工强度，使围堰能在汛前抢修至设计高程。通过1973年以来的模型试验研究和分析计算，二江泄水闸数量以25～28孔为宜，截流水头可降为3米左右，采用一定措施，可以实现胜利截流，当通过71100立方米/秒流量时，单宽流量约120～140立方米/秒，下游消能防冲条件得到改善，可以做到安全导流。

工程效益——发电方面

设计装机容量271.5万千瓦，多年平均发电量157亿千瓦时，实际运行结果，最大出力和多年平均发电量均可超过设计值，与火电比较，每年可节约原煤约1000万吨左右，大体上相当于3～5个荆门热电厂（装机容量62.5万千瓦）、一个平顶山煤矿（1979年年产量1047万吨）、一条焦枝铁路（综合通过能力约1100万吨）的功能。

电量

葛洲坝水利枢纽工程具有发电、改善峡江航道等效益。它的电站发电量巨大，年发电量达157亿千瓦时。相当于每年节约原煤1020万吨，对改变华中地区能源结构，减轻煤炭、石油供应压力，提高华中、华东电网安全运行保证度都起了重要作用。仅发电一项，在1989年底就可收回全部工程投资。

工程效益——航运方面

葛洲坝工程建成后改善了川江200公里三峡峡谷航道条件，淹没了100公里内的青滩、泄滩等急流滩21处，崆岭等险滩9处，取消单行航道和绞滩站各9处，使这一航道的流速减小，为航运发展提供了有利条件，航运安全度增加，宜昌至巴东的航行时间缩短区间；航运成本降低及小马力船拖带量提高。但也增加船舶（队）过坝的环节和时间。三条船闸设计年通航时间320天。过闸时间51～57分钟（大船闸）和30～40分钟（中船闸），三江航道汛期停航流量60000立方米/秒（施工期45000立方米/秒），实际运行结果，船闸和航道的设计指标，除下游航道在枯水季有时达不到设计航深外，可达到设计值并略有提高。

工程效益——水位改善

葛洲坝水库回水110～180公里，由于提高了水位，淹没了三峡中的

21处急流滩点、9处险滩，因而取消了单行航道和绞滩站各9处，大大改善了航道，使巴东以下各种船只能够通行无阻，增加了长江客货运量。自1981年6月通航以来，作为配合三峡工程建造的反调节航运梯级工程，极大地改善了长江三峡区域120公里水域的通航条件，大量货船从此安全畅通地出入川江。1982年葛洲坝船闸货物通过量不到400万吨，之后每年有所增加，1994年突破1000万吨。

水利工程

葛洲坝水利枢纽工程施工条件差、范围大，土石开挖回填达7亿立方米，混凝土浇注1亿立方米，金属结构安装7.7万吨。建成后发挥了巨大的经济和社会效益，提高了中华人民共和国水电建设方面的科学技术水平，培养了一支高水平的进行水电建设的设计、施工和科研队伍，为中华人民共和国的水电建设积累了经验。

葛洲坝水利枢纽是长江干流上修建的第一座大型水利枢纽，位于湖北省宜昌市。长江在此被葛洲坝和西坝两小岛自右至左分割为大江、二江、三江3条水道。主航道大江宽800米，枯季水深约10米；二江宽300米，三江宽550米，仅于汛期分流，枯水期断流，两岛与市区之间徒步可涉。葛洲坝水利枢纽大坝即横跨在上述3条水道上。

工程主要建筑

船闸、河床式厂房、泄水闸、冲沙闸、左岸土石坝和右岸混凝土重力坝。大坝全长2606.5米，两侧布置三江、大江两线航道，航道与泄水闸之间分别布置二江及大江电厂。二江电站厂房装有7台低水头转浆式水轮发电机组，共96.5万千瓦。大江厂房装机14台，单机容量12.5万千瓦，共175万千瓦。

工程工期

一期工程于1981年1月4日胜利实现大江截流，同年6月三江通航建筑物投入运行，7月30日二江电厂第1台17万千瓦机组开始并网发电。一期工程于1985年4月通过国家正式竣工验收，并荣获国家优质工程奖，大江截流工程荣获国家优质工程项目金质奖。二期工程于1982年开始全面施工，1986年5月31日大江电厂第1台机组并网发电，1987年创造了一个电站一年装机发电6台的中华人民共和国纪录，1号船闸及大江航道于1988年8月进行实船通航试验。1988年12月6日最后1台机组并网发电，整个工程约提前一年建成。

中国葛洲坝集团公司供稿

厚德致高远，至善舞长空

——山东天鹅棉业机械股份有限公司

山东天鹅棉业机械股份有限公司，山东省供销合作社联合社控股上市公司（天鹅股份，603029）。天鹅股份是一家以生产棉花产业链全程机械化装备为主业，集科研开发、精工制造、销售服务于一体的现代化集团公司，是国内唯一实现机采棉全程机械化、智能化、信息化装备一站式供货及服务的行业龙头，也是行业内唯一的一家上市公司，国内及国际新增市场占有率达到70%以上。

天鹅棉机，始创于1946年，是一家成立七十年的老牌企业。天鹅善飞，公司以天鹅为名，常持不息之贞，以志凌云之想，体现了天鹅对于品质的追求与操守的坚持。古人云“凡物之大者，皆以天名”，此所以天鹅棉机或突围或升腾的发展之路，一直代表着国内棉花加工行业的走向。积小以高大，从昔日的“山东棉麻机械厂”到如今的“天鹅股份”，昭示着新时代之下天鹅的新发展，天鹅于飞，翔集云路，指引着未来的天鹅新方向。

一、历史篇——晨霞孤征，舒翮四海

天鹅股份的最早前身，是成立于1946年的“济南三兴元铁工厂”；

后经公私合营，更名为“山东省供销合作社机械厂”“山东棉麻机械配件厂”；1987年更名为“山东棉麻机械厂”；2002年整建制改制为山东天鹅棉业机械股份有限公司。天鹅的历史，与新中国棉机制造业同频共振，经历了从计划经济到市场经济的体制转型，实现了从“作坊式”制造到“工厂化”规模生产的转变。而现在的山东天鹅棉业机械股份有限公司，是中国棉花协会常务理事单位，是国内棉机行业唯一一家上市公司，是国内唯一实现机采棉全程机械化、智能化、信息化装备一站式供货及服务的行业龙头，具有国际领先的棉花加工机械成套设备及配件的研发、生产和销售能力，专业为用户量身定做的整体解决方案。

公司技术创新始终引领我国棉花加工技术进步，天鹅股份生产的轧花机、皮棉清理机、剥绒机、籽清机及打包机等设备的市场占有率稳居同行业之首，多项技术填补了国内空白，并以“区域量化、无缝切割、保姆式终生服务”的理念在行业内率先推出了“5S”服务模式，树立了不断升级的棉机服务标杆，产品的性能、品质及稳定性得到了客户的肯定，形成了较好的品牌美誉度，得到了客户的广泛认可。

山东省具有七百年的植棉史，棉花产量历史上曾居全国前列，不仅是棉花的原产地也是棉花的消费大省。而济南是中国重要的装备制造业基地，是中国近代史上第一个自开商埠（1904年）。故天鹅股份总部设在山东济南，原居于天桥区泺口东村，后整体搬迁至天桥区药山工业园。以天鹅为名，以济南为镇，怀鸿鹄之志，又汲取齐鲁大地忠厚仁义的儒商文化，淬炼出天鹅股份“厚德致高远，至善舞长空”的核心价值观。厚德行于地，至善应乎天，同声相应，可大可久，形成天鹅特有的企业文化。

天鹅为善禽，羽色洁白如棉，体态音声，皆可以动人。真挚有恒，譬诸产品的纯洁、人心的忠诚与品质的高贵，企业取此为象，可见有高远之志。天鹅股份拥有济南总部、新疆五家渠、美国蒙哥马利、内蒙古海拉尔、湖北武汉五大技术中心与生产基地，并通过不断改善生产能力、提升技术含量、优化内部机制、改进服务质量，目前已基本实现生产加工装备的数字化升级换代，未来将以高端制造为目标，逐步构建智能装备制造体系，深入推进精益生产、敏捷制造的生产组织模式，高质量满足客户需求。

历经七十年的发展，几代天鹅人承载着梦想与光荣，秉承“厚德”与至善，不断需求进取与突破，目前已经具备突出的行业地位、专业的技术和人才、完备的制造体系和质量保证能力以及稳定优质的客户群。天鹅志高飞，与时偕行，近年来，更在品牌打造与营销拓展方面形成了可靠的口碑优势与网络优势。公司生产的棉花轧花成套设备连续多年被认定为“山东名牌产品”；“天鹅”商标连续多年被认定为“山东省著名商标”。

二、人和篇——风雨云路，同人之心

企业是由人组成的，有人的地方，就一定有故事。

要讲好天鹅的故事，应当与天鹅人多加亲近。来到天鹅济南总部，去车间走一走，与工人聊一聊，亲历条理整洁的车间各道工序，热闹而不嘈杂；凝视广场中央伫立的天鹅形象雕塑，恬静而有奋举之意，中有不言而信之真。人和乃萃聚，萃聚而后升，天鹅高飞，在同人之心，情孚而志应，所以成众允之象。

天鹅股份负责人曾说过：“一个人不是靠权力、地位、淫威得到别人的尊重与爱戴，而是通过你在实际工作中的言行来赢得大家的拥护和支持，工作上严格要求，生活上关心爱护，形成情同手足，亲如兄弟姐妹的天鹅大家庭，用自己的感召力、亲和力，让员工无怨无悔地追随着你，形成自身的人格魅力，带领团队不断向前”。

天鹅人秉承“一家人、一条心、一股劲”的理念，情同手足，亲如兄弟姐妹，将天鹅作为事业平台，企兴我荣，企衰我耻。棉机生产经营的季节性以及棉机多品种、小批量、多批次的生产特点，每年春、夏季，是天鹅的秋收备战之役。公司发起“保业绩、保生产、保订单”的生产攻坚战，生产一线、公司领导、部门骨干全部放弃休息，用辛勤的汗水保障了供货任务的圆满完成。每年9月，天鹅的销售与服务团队远赴新疆，进入用户现场服务调试。他们守得住寂寞、守得住孤独、守得住对家人的亲情、守得住对企业的忠诚，他们把天鹅的使命化作毕生的信念。今日天鹅振翼奋举的背后，是一路的艰难与困阻，天鹅人不畏艰难砥砺前行。

天鹅主营的棉机制造，在中国棉花产业链中，虽然是一个不可缺少的中间环节，但是处于一个市场份额容量相对较小的分支位置。在这样一个狭小的生存空间里图生存、求发展，在全行业脱颖而出并成为龙头企业，来路艰辛，谈何容易。天鹅对待客户像对待恋人一样的关心与呵护，这是天鹅在市场中赖以生存的法宝。恋市场、恋客户、恋事业，天鹅人扎根市场，扎根新疆，走进客户的价值链，不以利润为终极目标，而是崇尚与客户共赢。坚持“以市场为导向，以客户为中心”的经营理念和“以人为本，以质量求生存，以创新求发展”的经营思路，以先进的市场营销理念引导公司的经营行为，努力构建布局合理、渠道畅通、反应敏捷的市场营销网络体系。在行业内率先推出“区域量化，无缝切割，保姆式终生服务”的服务模式，已经得到了广泛的认同，获得了较高的顾客满意度和品牌认可度，天鹅主要棉机产品国内市场占有率位居市场前列。

同时，棉机行业已经成为一个开放的、市场化程度较高的行业，行业内各类型经营企业较多，市场竞争较为激烈。但是天鹅从来不怕竞争，正是有了竞争对手，才使我们加快前进的步伐，持续不断的创新与变更，带动了我国棉花加工技术的不断进步。我们感谢竞争对手，将竞争作为我们持续发展的不懈动力，公司质量意识、市场意识、客户意识、品牌意识得到进一步强化。

天鹅人自上而下，奉行“观念决定行动，思路决定出路”。有领头人的真知力行，是企业的幸运，更有同人的不离不弃，铺就了恢宏高远的天鹅云路。历经机制改革、技术创新与市场拓展的不断淬炼，成就了天鹅进取的品格。天鹅的个性与魅力，不在口号，在人心。天鹅的生机与活力，在同人。散是满天星，聚是一团火，正所谓“鸿鹄锵锵，济济多士”。

商业的逻辑告诉我们，只有成为第一，才能搭建平台，确立标准乃至定义市场。数十年来，天鹅股份坚守本业，积极拓展，经过市场化的洗礼，在残酷竞争中脱颖而出，成为行业内的佼佼者。天鹅明确意识到，必须成为领先优势明显的第一，才有可持续的未来，“打铸国际棉业机械装备第一品牌”日益成为天鹅人的文化认同。同人之心，以慈卫之，成为天鹅可持续发展的坚实保障。正是在“一家人，一条心，一股劲”这样的人和氛围中，天鹅人劳不言瘁、役不言勤，忘我而无处不是我，在市场营销、生产攻坚与质量提升上取得了显著的成果。

三、变革篇——或鼓或罢泣与歌

稻盛和夫说过："我们接着要做的事，又是人们认为我们肯定做不成的事。"自改革开放以来，天鹅股份同样以这样的气魄不断挑战自我，不断变更，开拓全新的事业。回顾天鹅的发展之路，天鹅人真诚地说"感谢这个时代"，必要与时偕行，方得致通衢，舞长空。

综观商业史，但凡考验、折磨、困难与压力，是一切优秀企业家所要面对的常态，是其人生的伴随品。棉花机械产业亦曾是内外交困，折翼的惊险忧惧，时刻盘旋在天鹅当家人的心头。在企业的发展史上，总有几个节点，或者绝地逢生，蜕变而升；或者墨守畏变，死于安乐。在惊涛拍岸巨石裂的地方，有人看见了恐惧，有人看见了光。恐惧则退缩，退缩则消亡；有了光，才可以照亮至暗时刻，天鹅才可以向明而飞。

说起变革，让天鹅人最难忘的，莫过于2003年的那次"地震"。天鹅当时所面临的外部环境、阶段特征以及产业发展规律，让当家人深感穷则思变，变而通之是天鹅的必由之路。通过深思问题、分析结构、提出对策，天鹅实施了组织结构再造和薪酬体系改革，实现了天鹅运营机制与组织结构的彻底变革，改变了天鹅原来的"以人定岗"，转变为"以岗选人"，人浮于事的现象消失了；打破了大锅饭，坚持市场导向，按劳取酬。当平静的湖面上投下石子，掀起了波澜，乃至酿成了风暴。天地反复，飞潜载升，这是天鹅发展史的重大事件，引起了企业内部剧烈震动和行业内的强烈反响。

昔曾举手风云起，乃今凝目号角鸣。没有那次变革，就没有天鹅今天的持续发展。正是因为那次变革，当国家在2004年开始推行棉花质量检验体制改革试点工作，为棉机企业尤其是天鹅带来了新的机遇。天鹅的产品在国内的市场份额迅速扩展，企业从此进入了快速发展的轨道。

泥泞之路，无人敢走；然而泥泞处，正是水源的线索，努力走，才会通向充满生机的绿洲，才有光明的未来。退缩一方的疑惧，有道是水不可涉，深不可测；进取一方的信念，则是革而当时，变则新生。易云“正家而后天下定”，没有坚毅勇决的深化改革，就无以保障天鹅未来的创新与发展。天鹅人用实际行动做出了抉择，把握住进退之机，将改革进行到底，从而在中国棉机业开辟了万里云路，天鹅也因此成为中国棉机品牌第一品牌。

为借助资本市场平台，全力推进企业高质量发展迈入快车道，天鹅股份于2010年启动了IPO工作，历时六年于2016年4月27日在上海证券交易所挂牌上市，成为行业内第一家上市公司。天鹅上市，是公司发展史的里程碑，犹如一支强心剂，为天鹅股份的长远发展提供强大的推动力。公司上市后，公司治理健全、有效、透明，不断强化内部和外部的监督制衡，提升上市公司治理水平，走向规范化运作的道路。

公司坚持立足棉机主业的同时，积极围绕棉花产业链前展后拓，坚持内生式发展与外延式并购相结合的战略，提升上市公司的盈利能力和持续经营能力，增强公司的核心竞争力，实现上市公司股东利益的最大化以及资产的保值增值。公司于2018年并购内蒙古野田铁牛农业装备有限公司与武汉中软通科技有限公司，进入双主业快速发展车道。2018年，公司收购内蒙古野田铁牛农业装备有限公司60%股权，借助野田铁牛打包技术优势和自身技术实力，加快推进农机突破战略落地，尤其是加快实现六行打包采棉机国产化；公司收购武汉中软通科技有限公司

51%的股权，标志着天鹅股份进军网络安全领域，公司主营业务变更为装备制造与网络安全双业务，公司开启双主业发展新模式。

经历了“或鼓或罢，或泣或歌”的改革岁月，在蜕变中成长的天鹅，把握住了时代的大变局和行业的新机遇。不因云路飘摇而自画，不为风雨险阻而自困，通过棉花产业技术升级，推进产业链拓展，从此在产业、技术与平台上开拓了天鹅的全新天地。步入新时代的天鹅股份，更是发挥现实优势，加快实现实业与资本双轮驱动的高质量发展，努力开创智慧工厂新时代，以企业的奋举引领行业的振兴。

四、创新篇——有孚挛如反复道

民未信而骤变，则无成；时不利而妄革，则无功。必有孚于众，而后可以终日乾乾反复道，不断探索生生之道，从而走向辉煌的创新发展之路。天鹅的改革因为适逢其时、深孚众望而取得成功。如果将2003年度的内部改革比为天鹅的“正家”大事，家道既正，人事各得其所，而后有天鹅的举羽翼、四方游，天鹅人以“利有攸往，利涉大川”的自信与喜悦，拂羽试飞，开始走向“往有功”的市场拓展与升级之路。

谁创新，谁发展。坚持改革与创新的天鹅人，上下达成共识，坚定认为天鹅的出路，在于用不断的创新来保证可持续发展，从步步为营走向跃跃欲试，方有天鹅的引颈鸣云路。每一次技术进步，无不铭刻着“天鹅人”一次次攻坚克难，一步步勇攀高峰的烙印。从研制我国第一台皮棉清理机，到承担改革开放国家引进消化吸收150条龙之一，研制成功我国第一套121轧花成套设备；从不断提升的轧花机推广，到亚洲最大机型——199轧花机问世；从最受欢迎的144D剥绒机到工艺集成、经济高效的164S双层剥绒机；从与国外顶尖技术合作，实现400吨打包机速度的突破，到棉包自动捆扎、籽棉机械化打模、运输、喂花技术的攻克，率先实现机采棉加工全程机械化；从引进USTER在线质量检测，到开创棉花加工智能化时代；研制成功亚洲最大机型MY215轧花机为代表的60包/时机采棉生产线，成为棉花加工企业向规模化、信息化、智能化升级的典范；研制成功国内首台六行打包采棉机……

天鹅创造了众多里程碑的产品，不断刷新我国棉机技术的发展史。公司承担了国家重点支持的引进技术消化吸收和国产化项目第一批150项之第83项——棉花加工成套设备的引进、科研、生产、应用、推广项目。该项目的完成填补了国内同类产品多项空白，使我国的棉花加工技术跻身国际先进行列，荣获国家科学技术进步二等奖。该项目的全国推广推动了我国棉花加工整体水平的提高，因实现了机采棉加工产业链装备替代进口，为兵团棉花产业技术改造节省资金约50亿元。

天鹅股份研发的“60包/小时机采棉生产线整体解决方案”配套设备及工艺，引领棉花加工进入规模化、信息化、智能化新时代。通过加工装备升级、加工工艺优化等一系列技术攻关创新，单条生产线的产能从过去的每小时二三十包突破至60包/小时，单线产能提升80%，大大提高了棉花生产效率，有效地缩短了棉花加工周期，将加工季控制在60～70天的黄金时间，同时企业用工人数减少，管理成本降低，提质降本增效明显。

公司坚持立足棉机主业，围绕棉花产业链前展后拓。公司在三行采棉机基础上，历经十年的持续技术研发，2019年成功研制出国产六行打包采棉机，经过大田采收作业，完成了性能试验和可靠性验证，各项技术、经济指标均达到国际先进水平。国产六行打包采棉机的问世，彻底打破国外高端采棉机市场垄断及国外的制裁，保障我国棉花产业国家安全和健康持续发展。

天鹅的创新，乃是新新无穷。天鹅人不以好产品自满，天鹅的创新理念，从优质产品延伸到售后服务上。所以有变革，是为创新打破桎梏；而创新永继，则可以为变革证成。作为棉机制造业的龙头企业，天鹅要想卫冕而恒新，必须日日拓新，向着光之所在飞翔。通过新疆市场的实地考察，天鹅人开始思考企业与市场、空间与时间，贯彻变“行商”为“驻商”的新理念，从远程调度改变为亲近市场，在新疆本土建立了10余个5S技术服务中心，为客户全天候解决技术服务问题；而后迅速建立了遍布全国各主产棉区的服务网络，确立了“区域量化、无缝切割和保姆式终生服务”的全新服务理念。

要实现企业的高质量发展，必须实现依靠创新驱动的内涵型增长。不断的技术革新，如长风相引；而绵密的市场布局，恰似天鹅的群飞有序。如今的天鹅，在坚守主业，扩大公司生产规模、拓展公司市场空间的同时，着力以科技创新催生新发展动能，提升自主创新能力，突破关键核心技术。通过新疆五家渠生产基地的建设，天鹅加强棉机属地化生产，为新疆客户提供更方便、更优质的服务，推进了全疆机采棉全程机械化进程。

从改革中焕发生机，在创新中生生不息。天鹅变革与创新的主旋律中，氤氲着无限的新发展。发展至今，天鹅股份目前拥有济南总部、新疆五家渠、美国蒙哥马利、内蒙古海拉尔、湖北武汉五大技术中心和生产基地，三个省级创新平台：“省级企业技术中心”“山东省棉花加工智能装备工程实验室”“山东省棉业机械工程研究中心”，并先后成为原国家科委新技术依托单位、国家和行业标准起草单位、山东省高新技术企业，有30多项新技术、新产品荣获国家和省、部级科技进步奖，并获得行业最高奖项——国家科技进步二等奖，拥有国家专利发明110余项、软件著作权80余项，主持或参与起草国家、行业标准20余项。

五、理念篇——厚德立本，进乎至善

企业要想立功立事，一定要有宜民宜人的文化认同；而企业的中心思想，又维系着同人的信心坚固。重为轻根，数十年立足大地、坚守棉机主业的天鹅，与生俱来有一种远离轻浮的自重，所以厚德载物，柔进而上行，致力于寻找低垂的果实，形成了“厚德致高远，至善舞长空”的核心价值观。这十个字，取“厚德”为首，体现了坤德的柔顺利贞；藏在柔顺背后的，则是天鹅忠于自我的坚持，所以有“舞长空”的豪迈与高远，所以在寻找低垂果实的另一面，是天鹅志存高远的非凡愿景。

厚德，是天鹅的持重与自强；至善，是天鹅的勇气与梦想。据厚德而立德，以至善为立功，立德立功而后有其言，所以形成了今日天鹅“崇效天，卑法地”的核心价值观，它融合了天鹅的传统、荣誉、纪律、创新与优秀。对于全体天鹅人而言，以“厚德”为根的人和观与价值观，凝聚了岁月的记忆，以此共情，给人一种内心的鼓之舞之，为企业的攻坚克难、不断进取带来了一种奋斗的激荡。

天鹅人求实，坚持实事求是、注重过程，脚踏实地、认真做事，打造事品；求严，坚持严格管理，严以律已，打造人品；求质，精益求精、以质取胜，打造产品，视产品为人品，质量为生命；求效，雷厉风行、果敢迅速、追求高效，注重效果，打造企品。面对困难不言败、不气馁、不屈服、不放弃，在日趋激烈的市场竞争环境下，天鹅人敢于“亮剑”，善于“亮剑”，把“客户 = 恋人”，“做市场 = 种庄稼”，坚持“区域量化，无缝切割，保姆式终生服务”大服务理念，树立“我们要成为屹立于用户心中，永远不倒的一座丰碑”品牌意识，发展成为国内棉机第一品牌。

以“厚德至高远、至善舞长空”为魂，其中有精；以“一家人、一条心、一股劲”为真，其中有信。天鹅的核心理念，兼容了厚德载物的谦逊与长空远引的自信，所以知进退之机，能出入以度。

诚之者，人之道。忠信涉波涛，天鹅之道。在选人用人上，天鹅坚持“以德为先、重实干、重实绩”，强调担当与责任，不做老好人，遇事不绕行；在提拔与淘汰上奉行“能者上，平者让，庸者下”的用人原则。如果说在用人方面，体现了天鹅的举“厚德”以齐家，那么，用“长空”为天下舞的天鹅愿景，煌煌恢宏，长空无界，则引领着公司不断地寻求机会，去打开市场的边缘。近十年来，天鹅股份守正而创新，一方面立足棉机主业不动摇，坚持向高端农业装备领域拓展的基本方向。一方面以登陆资本市场为契机，上市后的天鹅股份优化产业结构、深化多元发展。

天鹅历经七十余年发展，由稚嫩走向成熟，经历过沧桑与辉煌，承载着梦想与光荣，不断寻求进取与突破，其中唯一不变的是“洁白天鹅人”的品质，或许这就是鼓舞着一批又一批天鹅人奋力跋涉、奉献青春和热情的天鹅文化，是天鹅舞长空、致高远的动力，是天鹅人事业发展的活力源泉！天鹅棉机从她诞生的那一天开始，就为这个品牌注入顽强进取的因素，赋予这支团队坚定的力量和踏实的作风。天鹅文化是天鹅人共同的价值观，是天鹅人成为崇高使命共同体的意志结晶，是天鹅人事业成功的基因。展望“缔造百年国际天鹅”的伟大梦想，当如此优秀的天鹅文化深入人心、融入血液、化入骨髓时，天鹅一定会进入一个员工高素质、技术高水平、企业高口碑的境界，天鹅在未来一定会谱写出更加辉煌的篇章！

六、发展篇——培风举翼拂云汉

培风举翼千万里，回雪新声七十年。回溯天鹅的历史，从一家年产值仅有百万元的配件厂，发展成为年产值和销售收入双过亿、利税过千万的行业先行者。“天鹅棉机”产品不仅遍布大江南北，还远销众多产棉国。制胜的关键，在科技的创新，在体制的变革，更是以企业核心价值观凝聚同人力量，加速科技成果向现实生产力转化，激发天鹅的新发展动能，并以高水平的对外开放，打造国际合作和竞争新优势。

“十四五”时期，是我国两个百年奋斗目标的交接之年。久于其道者，惟变化不已。天鹅以“舞长空”的高远意识，时刻保持着对于时代潮流的敏感性，启动天鹅的云路计划，明确新时代的新征程。

坚持农机装备制造与网路安全双主业发展模式，坚持“市场导向，创新驱动，提质增效，融合发展”的发展理念，技术和资本双轮驱动，推动企业高质量发展，以持续的良性循环构建天鹅新发展格局，缔造百年国际天鹅。

其中，农机装备制造业将紧紧抓住棉机主业不动摇，借助资本市场平台，积极向现代农业机械装备拓展，打造农机装备制造航母。逐步形成以总部研发中心为核心，以美国天鹅的棉花工程技术中心为关键技术攻关依托，以新疆现代农装研发中心、内蒙古野田铁牛为补充的农机装备研发体系，构建济南总部、新疆五家渠、内蒙古海拉尔、美国天鹅四位一体的生产制造格局，完成辐射新疆、东北、内地农业大省市场布局；网络安全领域将依托武汉、北京两个技术开发中心，在传统业务基础上，积极推进大数据平台的研发和推广，打造智慧警务站、智慧检查站、智慧收费站、智慧乡村及智慧城市等网络安全业务领域领跑者。

坚持国内、国外两个市场，逐步形成以国内大循环为主体、国内国际双循环相互促进的新发展格局。国内市场依托现有营销服务网络，精耕细作，开拓和巩固国内市场占有率；国际市场按照“立足中亚，扎根印巴，猛攻非洲，蚕食美澳”战略部署，借助国家一带一路政策的契机，积极开拓国际市场，在棉机产品基础上，积极开拓农机产品、网络安全产品国际市场，让天鹅农机、网络安全产品走向世界，缔造国际天鹅。

躬耕七十年，路在脚下；白鹄远举，志在摩天。取“天鹅”为品牌，富有云端的诗意，深藏大地的情怀，表达着山东天鹅棉业机械股份有限公司的品质和远志。以“诚”厚待广袤的厚土，是天鹅的质朴与敦厚；以“善”应对复杂的世界，是天鹅的从容与洁柔。所以培风激扬，笃实有辉光，行于天地之间，辽辽未央。

以厚德为基，引重致远，行地无疆；

以至善为极，自强不息，凌云四海。

附录○天鹅志

1946年——天鹅诞生，原名“济南三兴元铁工厂”。

1955年——公私合营。

1961年——更名为“山东省供销合作社机械厂”。

1987年——更名为“山东棉麻机械厂”。“七五”期间引进技术，消化吸收集成再创新的技术创新体系确立。

1990年——中国棉花加工第二次技术革命的标志——MY121轧花新工艺及成套设备通过国家级验收。

1996年——承担国家援非项目，在赞比亚建立国际一流的轧花生产线，产品开始走向世界。

1997年——行业内率先通过ISO9001国际质量体系认证，开创了本行业质量管理与国际接轨的先河。

1998年——确立“区域量化，无缝切割，保姆式终生服务”的服务理念。

2002年——改制为“山东天鹅棉业机械股份有限公司”。品牌战略付诸实施。

2005年——与美国大陆鹰公司合资合作，国际化战略实施提速。

2008年——生产装备数字化升级。

2009年——启动上市，公司从此进入规范化、公众化、流程化时期。

2010年——启动上市；新疆五家渠工业园、美国分公司建成投产，属地化战略落地。

2013年——济南药山工业园投入运营。

2016年——登陆沪市A股主板市场，开启历史新篇章。

2017年——信息化升级向智能制造转型。

2018年——通过资本运作，形成装备制造与信息网络安全双主业战略布局。

2019年——成功研制国内首台六行打包式采棉机。

2020年——六行打包式采棉机批量投放市场，“60包/小时机采棉生产线”在新疆落地投产。

山东天鹅棉业机械股份有限公司供稿

天鹅棉机老厂面貌。岁月苍桑，这里有一代代天鹅人奋进的足迹。

▲▼ 天鹅股份新厂区面貌，新起点上再远航。

▲ 天鹅美国有限公司

▲ 天鹅大厦

天鹅新疆五家渠工业园

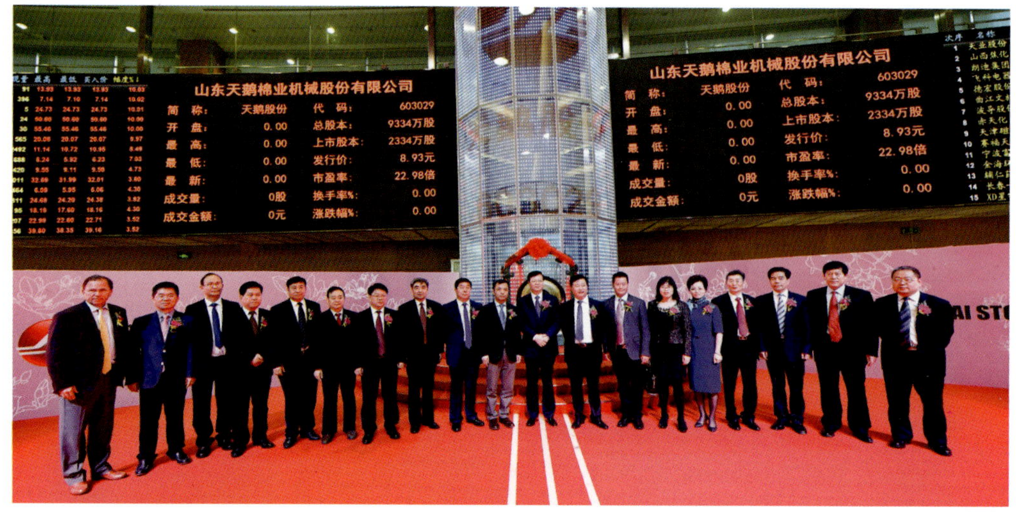

山东天鹅棉业机械股份有限公司
简称：天鹅股份
代码：603029
开盘：0.00
总股本：9334万股
最高：0.00
上市股本：2334万股
最低：0.00
发行价：8.93元
最新：0.00
市盈率：22.98倍
成交量：0股
换手率%：0.00
成交金额：0元
涨跌幅%：0.00

▲ 2016年天鹅股份IPO开市

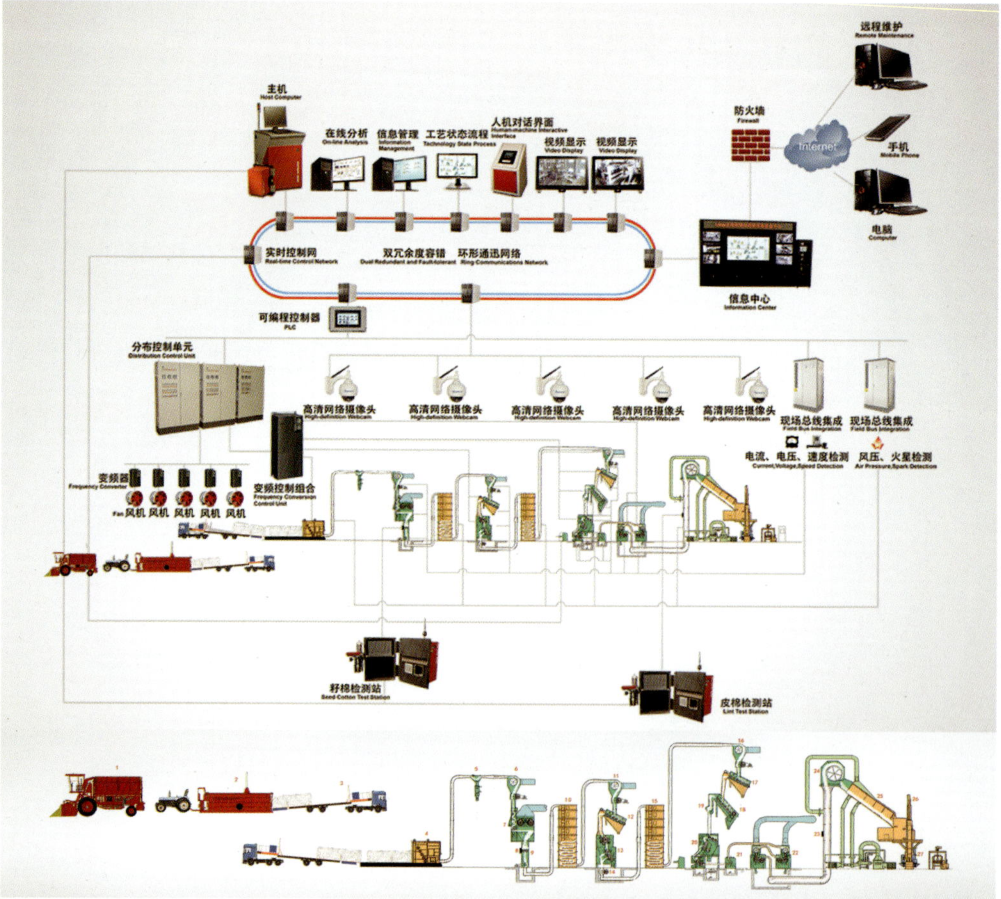
远程维护
主机
防火墙
在线分析
信息管理
工艺状态流程
人机对话界面
视频显示
视频显示
Internet
手机
电脑
实时控制网
双冗余度容错
环形通迅网络
信息中心
可编程控制器
分布控制单元
高清网络摄像头
高清网络摄像头
高清网络摄像头
高清网络摄像头
高清网络摄像头
现场总线集成
现场总线集成
电流、电压、速度检测
风压、火星检测
变频器
变频控制组合
风机 风机 风机 风机 风机
籽棉检测站
皮棉检测站

▲ 天鹅股份是国内唯一实现机采棉全程机械化、智能化、信息化装备一站式供货及服务的行业龙头，也是行业内唯一的一家上市公司。专业为用户量身定做机采棉全程机械化、智能化、信息化解决方案。

棉花轧花车间

◀ 棉花剥绒车间

▶ 天鹅股份棉花加工在线检测、智能控制、信息化管理系统

天鹅股份成功研制六行打包式采棉机，2020年批量投放市场。从此，国产高端采棉机打破国外技术垄断。

◀ 由天鹅股份承担的国家重点研发计划“棉花智能化提级加工关键技术装备研发”项目启动会在济南召开。

► 天鹅股份总经理王新亭在2019年中国国际棉花会议上发表“以质量为中心，推动棉花加工向规模化、智能化方向发展”主题演讲。

◀ 公司抓住“一带一路”倡议的契机，积极开拓国际市场。2019年，“一带一路”沿线国家研修班代表团来公司参观考察。

► 2019年公司组织苏丹棉花加工技术培训班，在苏丹，80%的棉花是由天鹅股份的设备加工的。

▲ 天鹅研发团队

▲ 天鹅营销团队。每年春天，他们告别家人，像候鸟迁徙一样前往新疆。他们舍小家，为大家，一年365天，他们将近300天都是在市场上度过。

▲ 公司党员志愿者服务队服务生产一线。

▲ 2019年，公司党委班子完成换届，“80后”年轻团队接棒启航。

▼ 表彰会

矢志航空，筑梦未来

——航空工业成都飞机设计研究所

1970年，航空工业成都飞机设计研究所（以下简称“成都所”）最初的创业者们背负使命，怀揣梦想，挺进大西南，在天府之国、锦江之滨，边拓荒、边建设、边科研。十年砥砺，成都所对当时在我国尚无先例、苏美亦很新颖的鸭式布局方案和技术大胆进行了研究和探索，积累了技术、锻炼了队伍、夯实了基础。紧接着，在歼7Ⅲ型飞机的研制中始终坚持按照自行设计的要求，经过方案论证、总体设计、详细设计、试制试验和试飞验证等研制程序，完完整整地走过了飞机设计到定型装备部队的全过程，而在此时，一次更具挑战的跨越正孕育着、涌动着……

从1986年国家正式批准歼10研制，到1998年歼10飞机01架首飞，直至2004年歼10飞机通过设计定型审查，整整18个春秋，成都所在第三代歼击机的研制中经历了一次前所未有的自我突破和锤炼提升。歼10飞机的研制成功，也标志着我国已经掌握了一整套具有自主知识产权的新一代战斗机研制技术，形成了自主研制新一代战斗机的能力。

对于歼10飞机的研制，成都所突破了以先进的气动布局、数字式电传飞控系统、高度综合化航空电子系统、计算机辅助设计、材料、制造等一大批关键技术，创造了中国航空史上数十个第一，取得了众多的科技创新成果。

歼10飞机的研制也圆满达成了在研制之初提出的“研制一代先进战

斗机，建设一流研制基地，培养一支掌握先进设计技术的人才队伍”三大目标，实现了航空武器装备水平、设计研发平台和高素质人才队伍建设的重大跨越，也带动了航空工业技术水平的提升和相关产业的发展。2009年10月1日，在中华人民共和国成立60周年盛典上，歼10飞机组成的空中梯队气势如虹地飞过天安门，扬我军威，壮我国威。

作为始终专注于飞行器设计研发的主机所，成都所建所40多年来，始终聚焦主业，创新发展，打造壮志凌云的长空之翼，激扬越发强劲的蓝天交响，通过歼7C/D、歼10、枭龙、翼龙、跨代新机为代表的一系列先进战机展翅蓝天，逐步在我国航空和空天综合技术发展方向上发挥引领作用，不断扩大国内外的航空创新品牌影响力。

一、不忘初心，坚持创新发展的方向

国家赋予的神圣使命以及航空产品的需求牵引为成都所拼搏奋进注入不竭动力，国家大力推进国防现代化建设给予成都所良好的战略机遇和环境，上级组织、广大客户和兄弟单位的鼎力支持，还有广大航空爱好者的密切关注、爱国情怀也给予成都所持之以恒的激励……近些年来，以“聚焦主业，业精于专；不忘初心，继续前进”为思想统领，成都所始终坚持“向国家、向客户提供满足需要的高性能高品质航空产品”这一初心和价值源，始终坚持“成都所是开拓者、探索者和实践者，必须专注创新，追逐永远的技术前沿”这一战略定位，始终坚持“探用并举、高深并重”的创新战略，进一步理顺与做实“装备一代、研制一代、预研一代、探索一代”这条航空产品跨越发展的创新价值链，积极融入未来作战体系的大空间来定位创新战略，大力推进单机性能创新提升转向体系效能创新升级，继续前进，不断打造出“能用、管用、好用、耐用”的航空产品，服务国家，服务市场，服务客户。

二、夯实基础，提升创新发展的能力

近年来，成都所在航空产品研制上面临着很大的挑战和压力，国家对于先进航空装备的迫切需求、研究所快速发展的需要等等都促使成都所必须在航空产品研制中做到“多点开花、多领域拓展以及确保质量的快速研发”。突出目标导向，抓住根本关键，成都所在两大方面着力创新提升：一是持续改进研发手段和优化研发平台。原来成都所研制飞机的一些传统流程、工具、方法，如二维图纸、物理试验、物理样机、独立数据库等随着跨代新机的研制逐步都退出历史舞台，近年来，以型号研制为牵引，成都所创新以虚拟产品研发、模型基系统设计与综合、跨领域的多学科综合优化、多属性的数字化产品数据管理、跨地域数字化协同设计等为核心的研发体系……成都所在设计模型、设计性更改、工艺审查、生产准备等各个流程中的周期都大大缩短，创新质效得到大大提升。

二是坚持打造人才队伍和提升管理能力。“打造跨代新机，引领技术发展，创新研发体系，建设卓越团队”是成都所矢志不渝的追求。近些年来，成都所以战略目标为驱动，以管理能力提升与创新、领导力工程等为平台，努力探索与实践聚焦答案的团队建设模式：成都所明确“始终坚持重点跨越与领域拓展相结合，始终坚持技术发展与能力提高相并重，始终坚持经济增长与职工受益相促进”这一指导研究所发展的基本原则，将战略、管理、效益与职工成长发展融为一体。成都所聚焦科研目标进行科研机构的改革与整合，进一步凸显专业技术团队的集成优势；成都所大力培育并推出团队的领军人物，充分发挥领军人物引领和示范作用。与此同时，成都所还以计划管理为入口，以过程控制为核心，梳理流程，规范交付物，打通了项目管理、产品数据管理等信息化平台，并且面向人、财、物整合需求进行敏捷管理平台架构设计；成都所还大力实施知识产权战略，促使科技创新成果的保值增值……这一系列举措与方法让成都所的人才队伍建设目标、流程、答案也更加清晰，逐步落地！

与此同时，成都所人才队伍建设也不可避免地面临着市场经济浪潮、社会价值多元化、职业选择多样化带来的冲击。为此，成都所积极探索“强项目、轻职能”的矩阵式柔性组织模式，建立健全科技创新资源常态流动的体制机制，不断优化“重创新、重实绩、重贡献”的激励和分配制度，努力让创新的智力资源与人力资本形成最优配置，形成最大合力！

三、军民融合，增强创新发展的加力

成都所始终坚持“技术同源、产业同根、价值同向”的发展思路，大力拓展航空产品的军贸和民用市场，提升型号配套产品集成交付能力，主动抢抓航空市场供给侧结构性改革的先机，积极推动航空产品的产业化发展，以形成对科研主业的“反哺”能力和创新成果快速转化的效力。成都所的翼龙无人机已经呈现系列化发展的良好态势，在国际军贸市场已经打开局面的同时，民用领域也展现着广阔的应用前景，成都所的海巡者无人机系统、VD200无人机等这类填补国内无人机发展某些技术领域空白的创新产品，也正体现着很强的市场竞争力。

成都所在“军民融合”中不断探索创新，逐步开拓出一条具有研究所特质的创新发展之路。近年来，成都所以军品任务为牵引，突破关键技术。在高端无人机研制方面，重点突破不确定环境中自主控制的态势感知、决策分析和通信协同、监控与诊断等关键技术。成都所以市场需求为导向，孵化目标产品。以无人机为平台，各成品单位以“成品”作为“投资”，采取“利益共享，风险共担”的合作模式，促使无人机的研制与推广步入快车道。

成都所以价值链为核心，搭建产业化平台。成都所牵头川内无人机产业链上的科研院所、大专院校、高端制造业和民营高科技企业，成立“四川省商用无人机产业联盟”，致力于为四川省创造一个可集成无人机全产业价值链的产业集群。未来，成都所将进一步强化军民两用技术的先期规划，争取在一型装备的研制中，形成针对不同客户和不同市场需求的产品族，提升产品的模块化水平。

同时，成都所将持续深耕翼龙无人机和枭龙飞机为代表的外贸市场，并通过加快产品的升级换型不断增强用户黏性，稳步拓展新市场和新用户，不断增强外贸市场核心竞争力。在融入区域发展经济圈方面，成都所也将积极结合四川省航空与燃机产业发展规划，打造集研发、生产、市场运营为一体的军民融合全产业链无人机产业体系。

视野有多大，舞台就有多大，天空就有多高！面对航空产品呈现有人机/无人机协同运作、陆海空天的体系发展趋势和需求，面对国家对于先进航空产品的迫切需求，我们创新的步伐将更加坚定自信！在跨越苍穹的征程中，我们将始终高擎“创新发展”的大旗，激情进取，创新超越，不断为航空工业的跨越发展和国防现代化建设持续贡献智慧和力量，为实现中华民族伟大复兴做出新的更大的贡献！

航空工业成都飞机设计研究所供稿

丝路重镇上的高原明珠

——刘家峡水电站

刘家峡水电站是新中国成立初在中国共产党的领导下，我国工人阶级发扬自力更生、艰苦创业的革命精神，自行设计，自行施工，自行安装的百万千瓦级的大型水电站，是中华民族不怕艰难，勇于向大自然进军的象征，1995年被甘肃省委、省政府命名为甘肃省爱国主义教育基地。随着永靖黄河三峡旅游业的发展，刘家峡水电站作为现代文明的重要标志，已成为黄河三峡风景名胜区内的一大主要旅游景点。

刘家峡水电站是我国自行设计施工的中国首座百万千瓦级水电站，位于甘肃省永靖县境内的黄河干流。1958年9月开工兴建，1961年停工，1964年复工，1975年2月4日，在西北高原丛山峻岭之间，古城兰州滔滔黄河之上，一座大坝拔地而起，这就是刘家峡水电站。

刘家峡水电站可蓄水57亿立方米，年发电量57亿千瓦时，比解放初期全国一年的发电量还多。同时，它还是一个兼有防洪、灌溉、防凌、养殖等综合利用价值的大型水利枢纽水电站。中央排列着五台大型国产水轮发电机组，分别担负着供给陕西、甘肃、青海等省用电的任务。

该电站厂房宽约25米，长约180米，有20层楼高。坝型为重力坝，最大坝高147米，总库容57亿立方米。安装5台机组，总容量122.5万千瓦，年发电量55.8亿千瓦时。第一台机组22.5万千瓦机组于1969年3月投入运行。2018年11月，入选第二批国家工业遗产名单。2019年4月12

日，入选由中国科协调宣部主办，中国科协创新战略研究院、中国城市规划学会共同承办的“中国工业遗产保护名录（第二批）”。

刘家峡水库蓄水容量达57亿立方米，水域面积达130多平方公里，呈西南—东北向延伸，达54公里。拦河大坝高达147米，长840米，大坝下方是发电站厂房，在地下大厅排列着5台大型发电机组，总装机容量为122.5万千瓦，达到年发电57亿千瓦时的规模。刘家峡水电站把陕西、甘肃、青海三省的电网联结在一起。水库地处高原峡谷，被誉为“高原明珠”，景色壮观。游人可乘游艇溯黄河而上，入峡奇峰对峙，千岩壁立，出峡则为高山湖，黄土清波，水天一色。西行约50公里，即为炳灵寺石窟。山口有姊妹峰，形态婀娜，亭亭欲语，酷似笑迎宾客。

一、建设历史

刘家峡水电站，是第一个五年计划（1953—1957）期间，我国自己设计、自己施工、自己建造的大型水电工程，1964年建成后成为当时全国最大的水利电力枢纽工程，曾被誉为“黄河明珠”。

刘家峡水电站是根据第一届全国人大二次会议通过的《关于根治黄河水害和开发黄河水利综合规划的决议》，按照“独立自主，自力更生”的方针，自己勘测设计，自己制造设备、自己施工安装，自己调试管理的国内第一座百万千瓦级大型水力发电站。

1952年秋至1953年春，北京水力发电建设总局（简称“水电总局”）和黄河水利委员会（简称“黄委会”）组成贵（德）宁（夏）联合查勘队，对龙羊峡至青铜峡河段进行查勘，初步拟定在刘家峡筑坝。1954年3月，组成有关部门负责人和苏联专家共120余人的黄河查勘团，对黄河干支流进行了大规模的查勘，自下而上，直至刘家峡坝址。在坝址比较座谈会上，苏联专家认为：兰州附近能满足综合开发任务的最好坝址是刘家峡。

1954年黄委会编制的《黄河技术报告》确定刘家峡水电站工程为第一期开发重点工程之一。《黄河技术报告》拟定刘家峡水电站枢纽正常高水位1728米（实际建成高程为1735米）、总库容49亿立方米（实际建成为57亿立方米）、有效库容32亿立方米（实际建成为41.5亿立方米）、最高大坝高124米（实际建成147米）。电站装机10台（实际装机5台）、总装机100万千瓦（实际装机122.5万千瓦）。刘家峡水电站枢纽任务是发电、灌溉和防洪。1955年7月，第一届全国人民代表大会第二次会议通过《关于根治黄河水害和开发黄河水利的综合规划的决议》要求采取措施，完成刘家峡水电站工程的勘测、设计工作，保证工程及时施工。

1958年初，水电部成立刘家峡水力发电工程局（现为水电四局），承担刘家峡和盐锅峡两个水电站的施工任务，拟定了“两峡同上马，重点刘家峡，盐锅峡先行，八盘峡后跟”的施工方案。刘家峡水电站工程于1958年9月27日正式动工兴建，当时是关乎国家命运的156个重点项目之一。1961年因国家经济调整缓建，1964年复工。当时，我们国家刚刚渡过三年困难时期，那时候的建设方针是“先生产，后生活”，刘家峡水电站施工条件异常艰苦。当时的重点任务是打导流洞，这个导流洞断面13×13.5米，总长度1021米，工程局组织了两个开挖队对着打，任务重、工期紧，职工们克服了不少困难，日夜奋战，取得月进尺100米的好战绩，经过15个月的艰苦奋战，导流洞终于打通了。1966年汛前建成上游围堰，从而使电站基坑具备常年施工条件。

1966年4月20日，刘家峡水电站拦河大坝第一块混凝土开盘浇筑。甘肃省委副书记马继孔、副省长葛世英亲自为大坝浇筑剪彩。缆机吊着混凝土从天而降，拦河大坝在黄河两岸之间冉冉升起。1969年3月19日，当时任党中央总书记的邓小平一行视察刘家峡水电站。

到1969年8月，拦河大坝全部浇筑完毕。左右岸副坝也于1968年、1969年浇完。1968年10月15日，电站下闸蓄水，第一台机组于1969年3月29日并网发电，1974年12月，5台机组全部安装完毕投产发电，电站竣工。至此，全国第一座装机容量百万千瓦以上大型水电站胜利建成。1981年，刘家峡水电站被评为优秀设计和优质工程，获全国优秀工程设计奖。工程总投资6.38亿元，总造价5.11亿元，单位千瓦投资512元，单位千瓦造价417元。位于库区大夏河与黄河交汇处的莲花镇是原永靖县城所在地，水库蓄水后淹没，县政府机关迁至刘家峡大坝下游三公里处的小川。水库尾端，始建于西秦建弘元年的炳灵寺石窟是国务院首批公布的全国重点文物保护单位，是全国六大石窟之一。为保护文物古迹和旅客安全，电站施工期间浇铸了防护堤坝。1985—1986年，刘家峡水电厂和甘肃省文化厅共同投资，由水检公司负责设计施工，又进行了加固处理。

刘家峡水电站拦河大坝后及地下厂房安装22.5万千瓦机组3台；25万千瓦和30万千瓦机组各1台，总装机容量122.5万千瓦，年发电量55.8亿千瓦时。水库总容量57亿立方米，控制流域面积173000平方公里，多年平均流量834立方米/秒，设计洪水流量8720立方米/秒，总库容60.9亿立方米，采用混凝土重力坝，最大坝高147米，长204米，顶宽16米。左右岸各有混凝土副坝和溢流堰连接，主要泄洪方式为溢洪道和隧洞。大坝总长840米。水库通过蓄洪补枯调节，可提高该电站及其下游的盐锅峡、八盘峡、青铜峡各级电站枯水期出力，改善甘肃、宁夏和内蒙古等省（区）105万公顷农田灌溉条件。

二、电量效益

刘家峡水电站在西北电网中主要承担发电、调峰、调频和调压任务，是西北电网的骨干电站，在西北电力系统中处于十分重要的地位。运行21年来共发电883亿千瓦时，供电882亿千瓦时。从1975年5台机组全部投入运行到1990年，多年平均发电量为48亿千瓦时。按电力系统发电企业1990年不变价格计算，电站累计产值69.678亿元，相当于电站总投资的10.92倍。按甘肃省1990年平均每千瓦小时电量创国民生产总值1.6元计算，累计创国民生产总值1411.2亿元。

三、容量效益

近几年来西北电网的峰谷差冬季超过100万千瓦，而刘家峡水电站就承担90万千瓦，即使汛期水电大发时，根据系统需要，还得担负约40万千瓦的峰谷差的调节任务。年调峰电量达33亿千瓦时，占多年平均实发电量的68.75%。西北电网正常负荷波动约12万千瓦左右，由于刘家峡水电站单机容量大，一直担负着西北第一调频厂的任务，其日平均调频容量达12万千瓦，充分利用水能资源，使火电机组在最佳经济区运行，节约了煤炭，保证了电网的电能质量。

刘家峡水电站还担负着西北电网的事故备用任务，其备用容量达该电站总装机容量的20%，为减少系统事故损失起了十分重要的作用。如1980年秦岭电厂3号机发生事故，甩负荷20万千瓦，当时立即启动刘家峡电站4号机，维持了电网出力平衡，减少了事故损失。为了系统事故备用，1990年该电站机组空转就达10049小时，相当于1台22.5万千瓦机组全年空转。事故备用效益按社会产值计算为78.23亿元。

四、灌溉效益

刘家峡水电站的建成，每年为甘肃、宁夏、内蒙古的春灌补充水量8亿立方米，使灌溉保证率由原来的65%提高到85%，灌溉面积由1000万亩增加到1600万亩。其中：甘肃100万亩，宁夏500万亩，内蒙古1000万亩。由于水源有了保证，使灌溉保证率大幅度提高，3省（区）农业连年丰收，粮食每年平均增产150万吨，20年粮食共增产3000万吨，每公斤粮食按0.6元计算，累计效益为180亿元。

五、防洪、防凌能力

刘家峡水库总库容57亿立方米，有效库容41.5亿立方米，为不完全年调节水库。水库的投运提高了下游梯级电站及兰州市的防洪标准，使盐锅峡水电站1000年一遇标准提高到2000年一遇。兰州市100年一遇的洪峰流量从8080立方米/秒减少为6500立方米/秒。

凌灾是黄河多年存在的自然灾害，每年春天解冻时，水鼓冰裂，浮冰卡坝，造成河水泛滥，堤防决口的严重冰凌灾害。刘家峡水库投入后，尤其龙羊峡水库蓄水后，两库联合运行，使凌汛期刘家峡水库的泄水流量控制在兰州不超过500立方米/秒，可以解除下游宁夏、内蒙古约700公里地段黄河解冻期的冰凌危害，近20年来没有发生大的冰凌灾害。

六、其他效益

1．城市供水。刘家峡水库建成后，对下游兰州、银川等城市的工业用水能够保证水量供应，其中为兰州市工业供水量每天约70万立方米，累计供水量51.1亿立方米。

2．养殖。刘家峡水库的建成，促进了甘肃的渔业发展，可以说，没有刘家峡水库，就没有甘肃的渔业。1970年成立了渔场，1990年渔场养鱼水面达16万亩，同时建立了养殖场，进行了鱼苗的孵化和鱼种的培养。20年来共孵化鱼苗和养鱼种5.4565亿尾。到1990年共捕捞鲜鱼90万千克，创产值520万元。由于水库天然鱼类资源缺乏，2000年来正向网箱养鱼的方向发展。

3．林果。刘家峡水电站从1973年开始植树，绿化库区、厂区，美化环境，到1990年共植树95万棵，还种植了近1000棵果树，共获效益300万元。

4．航运及旅游。刘家峡水库建成后，库区的水上运输及参观旅游形成了一派繁荣景象，活跃了少数民族的经济。到1990年，已有40多艘船只，开辟了3条库区航线，其中交通运输航线2条，一条从坝前到大夏河，另一条从坝前到挑河中的巴米山。最长的航线为坝前到炳灵寺的旅游线。库区总航程为120千米。航运量，从1978年开始到1990年客运90万人次（其中不包括个体运输客运量），创产值220万元。旅游业方面，到1990年共接待游客81.22万人，其中外宾4.1015万人，累计创产值194万元。

七、电站现状

刘家峡水电站主要由挡水建筑物，泄洪建筑物和引水发电建筑物三部分组成。挡水建筑物包括河床混凝土重力坝（主坝），左、右岸混凝土副坝和右岸坝肩接头黄土副坝，坝顶全长840米，坝顶海拔1739

米。主坝为整体式混凝土重力坝，最大坝高147米，主坝长204米，顶宽16米，底宽117.5米。泄洪排沙建筑物包括溢洪道、泄洪道、泄水道和排沙洞。四大汇水排沙建筑物在正常高水位汇洪能力可达7533立方米/秒。如遇大量泄洪，水从870余米长、宽出河床100多米的溢洪道冲出，如离弦之箭，激流在槽尾翻卷跃起，如蛟龙腾空，喷云吐雾；其势若万马奔腾，惊涛拍岸，声振环宇，似卷起千堆雪，彩虹当空，气象万千，令游者驻足，惊叹不已。厂房位于主坝下游，为坝后，地下混合封闭式厂房，全长169.8米，共安装5台大型水轮发电机组，设计总装机容量122.5万千瓦，保证出力40万千瓦，设计年发电量5亿千瓦时。厂房共有5台升压变压器，形成一个东至关中平原，西达青海高原，南到陇南，陕南地区，北临腾格里大沙漠边缘方圆几千公里，以刘家峡水电站为中心的西北大电网，为电网调峰、调频、调压和事故备用等做出了重大贡献，有力地促进了西北地区工农业生产，特别是为甘肃、青海的有色金属冶炼、铁合金、电石、化工等高耗能工业和高扬程电力提灌工程的发展提供了强大动力。

八、扩机工程

2012年6月29日，国家发展改革委以“发改能源〔2012〕1936号”文批复了甘肃黄河刘家峡水电站洮河口排沙洞及扩机工程核准报告。甘肃黄河刘家峡水电站洮河口排沙洞及扩机工程利用原刘家峡已建大坝和水库，在水库左岸修建排沙洞，并结合排沙洞新建一地面厂房，安装两台15万千瓦的混流式机组，扩机后，刘家峡水电站总装机容量为170万千瓦，年均发电量58.86亿千瓦时。该项目由国家电网公司的全资子公司甘肃电力公司负责建设和管理。

九、所获荣誉

2018年11月，入选第二批国家工业遗产名单。

2019年4月12日，入选由中国科协调宣部主办，中国科协创新战略研究院、中国城市规划学会共同承办的“中国工业遗产保护名录（第二批）”。

入选理由：新中国156项重点工业建设项目之一；“一五”时期我国自己进行勘测设计、制造设备、施工安装、调试管理的国内第一座百万千瓦级大型水力发电站，结束了亚洲无百万千瓦级水电站的历史；1964年建成后成为当时全国最大的水利电力枢纽工程，中国水电史上的重要里程碑，被誉为“黄河明珠”；具有当时中国最高的混凝土重力坝（147米）、当时中国最大的地下厂房、中国第一台30万千瓦双水内冷水轮发电机组、中国最大的有载调压变压器、中国第一条最长的超高压输电线路，国内首次采用330千伏超高压输电线；采用了当时最先进的混凝土拌和系统、砂石骨料输送系统，是当时施工机械化程度最高的工程之一；代表了20世纪六七十年代中国水电技术与施工的最高水平，研制成功低流态混凝土施工工艺，先后获全国水电工程优秀设计奖、全国科学大会科技成果奖、国家银质奖工程；2009年入选“新中国百项重大建设经典工程”；为我国西北地区经济社会发展提供了强大的能源支持；培养、锻炼了新中国第一代水电工程队伍。

刘家峡水电厂供稿

万里黄河第一坝

——三门峡黄河明珠（集团）有限公司

黄河是中华民族的母亲河，她哺育了华夏文明，同时也因善淤、善决、善徙成为中华民族的心腹之患。新中国成立后，在大江大河的治理中国家首先要考虑的是根治黄河水患，实现清水黄河的梦想，于20世纪五六十年代在黄河中游兴建了三门峡水利枢纽。被誉为“万里黄河第一坝”的三门峡水利枢纽，是新中国成立后在黄河上兴建的第一座以防洪为主综合利用的大型水利枢纽工程，工程建设管理运用以来，通过两次改建和三次运用方式的调整，探索出“蓄清排浑”的成功运用方式，为多泥沙河流水库管理运用提供了宝贵的借鉴经验。

依托三门峡水利枢纽的管理运用而设立的三门峡水利枢纽管理局（以下简称三门峡枢纽局）和后期改制而来的三门峡黄河明珠（集团）有限公司（以下简称明珠集团），通过艰苦探索和砥砺奋进，使三门峡水利枢纽在黄河防洪、防凌、灌溉、供水、发电，以及改善生态环境、促进地方经济发展等方面发挥了不可替代的重要作用，为维护黄河健康生命做出了不可磨灭的贡献。同时，通过正确处理社会效益、经济效益与生态效益之间的关系，走出了一条科学统筹、综合利用的可持续发展之路，得到社会的广泛认可，先后多次荣获“全国优秀水利企业”“国家技能人才培育突出贡献单位”“全国模范职工之家”“全国农林水利系统五一劳动奖状”等各项省部级以上荣誉称号100余项，有两位职工分别当选为第十一届和第十三届全国人大代表。

一、枢纽兴建改建——人民治黄的探索实践

新中国成立之初，中共中央和国务院酝酿实施黄河全面治理与开发的重大决策。1955年7月，第一届全国人大二次会议通过《关于根治黄河水害和开发黄河水利的综合规划的决议》，确定修建三门峡水利枢纽工程。作为新中国黄河治理开发的第一批重点工程和苏联帮助中国建设的156个工程项目中唯一的水电项目，三门峡水利枢纽工程于1957年4月13日破土动工，1958年10月截流，1960年9月14日下闸蓄水，1961年4月大坝主体工程竣工，举全国之力，高质量完成了大坝的兴建。

工程建成初期，由于对黄河泥沙问题认识不足，初期“蓄水拦沙”造成库区严重淤积。为增加工程泄洪排沙能力，切实发挥水库作用，三门峡水利枢纽在党和国家领导人的关心与指导下，进行了艰苦探索和不懈努力，于1962年3月至1973年11月间，实施了两次大的改建和三次运用方式的调整，并于1981开始进行了长达20年的泄流工程二期改建。在两次改建中，增加了两条隧洞，改建发电钢管，三门峡水利枢纽泄洪排沙孔洞（管）达27个，泄流能力9701立方米/秒，基本达到了四省会议确定的泄流要求。三门峡水利枢纽的建设与改建，是为根治黄河水害，开发黄河水利进行的有益探索，是“除害兴利，综合开发”治黄方针的一次重大实践，也是独立自主进行的“大江大河治理与开发的探路工程”。

二、枢纽防洪运用——黄河安澜的重要一环

三门峡水利枢纽位于含沙量最高的黄河中游河段，控制着黄河流域

两大洪水来源区——黄河中游北干流山陕区间及泾河、北洛河、渭河流域的洪水，对第三个洪水来源区三门峡至花园口间发生的洪水起到错峰减量和调节作用，成为确保黄河安澜的重要一环。水文资料显示，1964年以来，三门峡以上地区曾6次出现流量大于10000立方米/秒的大洪水，三门峡水利枢纽及时采取措施，削减洪峰，有效减轻了下游堤防负担和漫滩淹没损失，避免了黄河下游沿黄人民群众的生命和财产安全遭受洪水威胁。

黄河斗水七沙，是世界上含沙量最大的河流。三门峡水利枢纽通过不断探索水库运用方式，经过“蓄水拦沙”“滞洪排沙”“蓄清排浑”三个阶段的实践，特别是“蓄清排浑”运用方式的成功探索，基本实现了库区泥沙年度冲淤平衡，保持了长期有效库容。2002年以来，在黄河防总组织的历次调水调沙中，三门峡水库充分发挥承上启下的关键作用，尤其是调节泥沙的关键作用，为小浪底水库塑造人工异重流并推动其排沙出库提供了强大动力，极大地改善了小浪底水库淤积形态，有效地减少了库容的淤积损失，对黄河下游河道减淤、过洪能力恢复（1800立方米/秒增至4200立方米/秒）发挥了关键性作用。

黄河凌汛，历来是威胁黄河下游河道安全的主要灾害，新中国成立前因凌汛决堤而泛滥成灾的事，几乎年年发生，给下游人民的生命财产安全带来极大危害。三门峡水利枢纽投入运用后，彻底扭转了这一局面，黄河下游再未发生过凌汛决口。期间，黄河下游出现的严重凌情有6次，三门峡水利枢纽通过控制下泄流量，使黄河下游河道凌汛期避免呈现“武开河”现象，对促进形成“文开河”，保证下游的凌汛安全起到了关键作用。

三、社会效益发挥——两岸人民的福祉恩泽

三门峡水利枢纽建成以来，始终将社会效益放在首位，努力为当地经济社会发展和下游两岸人民提供灌溉供水和生态之利，造福一方。

2014年春夏，河南大旱，三门峡亦遭遇1951年有水文记录以来罕见旱情，三门峡市30万居民饮水告急。为化解危机，根据黄河防总调度，三门峡水库应急抬高水位运用，支援三门峡市应急抗旱供水，保障了三门峡市城乡引黄供水基本需求，为三门峡市人民解了燃眉之急。在为当地提供供水便利的同时，多年以来，三门峡水库还多次为河北、天津及青岛调节补水，极大地满足了这些地区农业、工业、居民用水需求。

黄河中下游是我国重要的粮食主产区。三门峡水利枢纽每年利用凌汛和桃汛蓄水，为下游春灌保持了约10亿立方米的蓄水量，下游春旱时可使河道流量增加300立方米/秒。据统计，1973—2003年间，三门峡库区春灌期间水库蓄水总量超过380亿立方米，向河南、山东沿黄灌区补水超过300亿立方米，为黄河中下游农业灌溉、确保农业稳产、高产发挥了积极作用。

三门峡水利枢纽建成运用后，三门峡库区周围逐渐形成独特的自然气候和新的生态平衡，形成了以大禹渡等提灌站供水的农业灌区，也是工业稳定取水的依靠。水库200多平方千米的水域，形成了新的黄河湿地，成为维持本区域生态平衡的最基本要素，对调节地区气候、保护当地生物多样性及生态平衡，起着不可或缺的作用。三门峡黄河湿地自然保护区，是河南省最大的湿地自然保护区。每年入冬到次年初春季节，数以万计的白天鹅从遥远的西伯利亚飞临三门峡库区越冬，三门峡库区已成为国家级湿地自然保护区和中国大天鹅之乡。

三门峡水利枢纽工程的建设和管理运用，为消耗和充分利用电能，从全国四面八方迁移建成了“八大”制造企业，从而带来了一座新兴工业城市——三门峡市的设立与崛起。三门峡市与三门峡水利枢纽相伴相生，共兴共荣。自1992年起，依托黄河、依托三门峡水利枢纽，“天鹅之城”三门峡被国家旅游局确定为“黄河之旅—中华民族之魂”国家级重点旅游线路，迄今为止已连续举办了25届三门峡黄河文化旅游节，以黄河为媒介，开展丰富多彩的经贸、文体、旅游活动，促进了旅游文化产业和经济贸易快速发展。多年来，三门峡水利枢纽为促进三门峡市社会和经济发展做出了巨大贡献。

四、绿色水电生产——中原电力的不竭供者

水电是重要的清洁能源。1973—1978年，三门峡水电站安装了5台单机容量为5万千瓦的水轮发电机组。25万千瓦的装机容量占当时河南省总装机容量的1/8，很大程度上缓解了豫西地区乃至河南省电力供应紧张的局面。

三门峡水电站安装5台水轮发电机组后，三门峡水库每年非汛期仍有40亿立方米的弃水。为充分利用水力资源，提高综合效益，经水利部商国家计委同意，三门峡枢纽局于1994年和1997年先后扩装2台水力发电机组。至1997年年末，三门峡水电站装机7台，总容量达到40万千瓦，跨入国家大型水电站行列。

为解决汛期发电难题，在圆满完成社会公益性任务的前提下充分利用洪水资源，三门峡枢纽局以“黄河治理与开发并重”的理念为引领，于1989—1995年，在全国数十家科研单位和大专院校的配合下，组织开展了汛期浑水发电试验研究。经过6年刻苦攻关，历时6年的浑水发电科

学试验取得成功，打破了浑水不能发电的“禁区”，洪水资源化利用取得了重大突破，产生了巨大的经济效益。

探索没有止境。为更加充分地利用黄河水力资源，同时解决水电站机组存在的问题，近年来，三门峡枢纽局以实现“水量利用最大化，水能利用最大化”为目标，在深入论证的基础上，经上级同意，于2013—2017年每年安排一台机组的增容改造，2017年5台机组增容改造完成后，总装机容量增至45万千瓦，更多的黄河水资源变成清洁电能，点亮中原。

自1973年12月26日三门峡水电站第一台机组并网发电至2018年年底，三门峡水电站共发电521.5亿千瓦时，为中原工农业生产提供了源源不断的绿色能源。水电专家潘家铮曾算了一笔账：“1度电≈1斤煤”。根据国家环保总局发布的《固定污染源监测质量保证与质量控制技术规范》进行物料衡算，一吨煤燃烧至少可排放0.48千克二氧化硫，2.7千克烟尘。那么，这就意味着521.5亿千瓦时水电将减少煤炭燃烧约2607.5万吨，减少二氧化硫排放量约12516吨，减少烟尘排放量约70402.5吨。

三门峡水电站发挥水电机组开机程序简单、增减负荷快的优势，担负着河南电网的主要调峰、调频任务。自1990年至今，电站机组开停机超过28600次，为确保中原电网的安全稳定运行发挥了重要作用。

五、管理改革发展——不断激发的企业活力

开工建设于1957年的三门峡水利枢纽已经走过了六十多年的风雨历程，成立于1983年7月、从工程建设单位水电第十一工程局手中接过枢纽运行管理重任的三门峡枢纽局也已经过了而立之年。36年来，三门峡

枢纽局从国家的扶持上马到企业的自力更生，从靠天吃饭的单一产业到搏击市场的多业并举，在确保完成社会公益性任务的同时，不断加强管理改革，努力探索壮大实体经济，谱写了一曲不屈不挠、敢拼敢赢的国有企业发展之歌。

“建设什么样的企业的问题”一直是三门峡枢纽局思考和探索实践的课题。从建局之初的“以水保电、以电养水”的方针，到20世纪80年代末提出“工程管理是基础，电力生产是支柱，综合经营大发展，企业才能迈大步”的企业管理和发展思路，三门峡枢纽局的管理与发展与国家的改革开放同步。1996年5月，三门峡枢纽局作为水利部100家转机建制试点单位之一，改制为三门峡黄河明珠（集团）有限公司（明珠集团），开始按公司制运作，踏上探索建设现代企业之路。为保证枢纽工程继续发挥综合社会效益和行使水行政职能，保留了“三门峡水利枢纽管理局”的管理任务、机构和名称。

企业的发展并非一帆风顺。明珠集团成立初期，在管理体制、运行机制方面不能适应现代企业制度的要求，加之黄河来水偏枯，发电量锐减，企业负债沉重，经济出现严重滑坡。为使企业走出困境，步入健康发展之路，1999年2月，明珠集团经过认真分析和研究，理清思路，清理整顿，开展了以“三分、三改、一加强（即分灶、分流、分离，改革干部制度、改革用工制度、改革分配制度，全面加强管理）”为主要内容的大刀阔斧的改革。通过主辅分离、资产重组、结构调整，建立了以国有资产保值增值为目的、以资本为纽带的母子公司管理体制。

同时，对产业结构进行调整和优化，逐步形成了以电力生产、检修和销售为核心层，以水电施工、金属冶炼、宾馆经营为紧密层，以水产、旅游、监理、房地产、物资贸易等为松散层的产业体系。21世纪尤其是近几年来，明珠集团审时度势，根据国家的发展方向，适时调整发展战略，持续推进传统企业到现代企业的转型，形成水力发电、水电施工、机电检修、监理咨询、金属冶炼、宾馆旅游、国际贸易、房地产开发、物业服务等多个产业发展的局面。

根据发展需要，一批新的实体企业和新的项目建成投产，对外股权投资力度加大，发展观念更加趋于理性，发展视野逐步开阔，发展步伐逐步稳健，经营质量不断提升，到2018年，企业营业收入总额达到136333.86万元，上缴税金13689.91万元，职工收入逐步提高，呈现出良好的发展态势。

三门峡水利枢纽坝址所在，历史厚重，人文气息浓郁。尤其是作为中华民族不屈意志象征的中流砥柱石，成为明珠集团企业精神的支柱。1997年与1999年，三门峡水利枢纽工程先后被命名为河南省首批爱国主义教育基地和黄河爱国主义教育基地，为凝聚明珠集团干部职工精神、增强干部职工的集体荣誉感与自豪感找到了一个支点。

以人为本，构建和谐社会，是基业长青的根本。明珠集团从关注人、关心人做起，为职工实施安居工程和暖心工程，建立职工医疗救助体系和困难帮扶体系，建设不同层次的“职工之家”，满足职工的精神文化需求，增强了企业的向心力与凝聚力。同时，注重员工的成长成才，大力做好经营管理队伍、专业技术人员队伍和高技能人才队伍这三类人才队伍的培养工作，涌现出市级以上劳模100多个，省部级以上专业技术能手14个。

在润物细无声的滋养中，明珠集团逐步建立起来的企业文化得到全体职工的认同，凝聚起集体的力量，形成蓬勃向上的共同价值观，“团结、求实、创新、高效”的企业精神得以彰显，铸就明珠集团坚不可摧的精神砥柱。

作为新中国治水史上的第一座大型水利枢纽工程，回望三门峡水利枢纽的发展之路，意义重大。这座寄托黄河变清梦想、肩负黄河防洪减淤重任的大国工程，在水电十一工程局的建设和明珠集团的管理运用下，历经风风雨雨，于探索中不断前进，于发展中不断完善，在黄河防洪、防凌、供水、灌溉、调水调沙等社会公益性任务中始终发挥着中流砥柱的作用，为维护黄河健康生命做出了不可磨灭的贡献，也为新中国水利建设和当地经济社会发展发挥了积极而重要的作用。展望未来，这颗黄河上的水电明珠，在明珠集团的精心呵护下，必将更加熠熠生辉。

三门峡黄河明珠（集团）有限公司供稿

大国重器与中国梦

——长江三峡水利枢纽工程

“为政之要其枢在水。”纵观中国历史，举凡善治国者均以治水为重，善为国者必先除水旱之害。从先古时代的大禹，到秦皇汉武、唐宗宋祖，再到康熙乾隆，每一位试图有所作为的统治者都把治水作为富民安邦的重要手段。可以说，水利兴而天下定，水利兴而百业旺，水利兴而人心稳，水利兴而百姓富。

一、建设历程

（一）新中国成立后

新中国成立后，百废待兴，以毛泽东、周恩来等为代表的老一辈革命家以改造山河的英雄气概，在“蓄泄兼筹”“统筹兼顾”“除害与兴利相结合”“治标与治本相结合”的治水方略指引下，领导了大江大河的规划和治理，揭开了中国治水的新篇章。在当时国家人力、物力、财力、技术等方面条件的限制下，完成治淮、官厅水库、荆江分洪、引黄济卫等“一五”期间的四大水利工程，为以后的水利事业奠定了良好的基础。党中央把长江洪水的控制和长江的治理问题提到一个非常重要的位置，三峡工程也随之进入一个新阶段。

早在20世纪50年代，党中央、国务院就责成有关部门组织开展有关三峡工程的科学研究工作。1958年，原国家科委将三峡工程科研工作列为国家重点科研项目，取得了数百项科研成果。从“六五”计划开始，在与国家各个五年计划对应的科技攻关计划中，都安排了与三峡工程有关的科研项目。同时，国家有关部委也相继组织了大量的科学研究。这一阶段科学研究所取得的大量成果，回答了三峡工程可行性论证中所提出的重大问题，为三峡工程可行性报告编制和初步设计提供了科学依据，也为三峡工程的正式开工奠定了基础。

1959年，正当长江流域规划办公室对三峡工程的设计和勘探紧锣密鼓地进行时，国际和国内形势发生了变化。苏联撤走包括援建三峡工程专家在内的援华专家，国内遭受连年自然灾害，导致经济调整，三峡工程的准备工作被迫推迟。但长江水患的威胁却没有消失，华中地区能源不足的矛盾日益凸显，为了防洪，为了解决日益增加的用电需求，人们再次将目光投向了三峡。

（二）改革开放后

改革开放以后，我国国民经济总量有了跨越式的飞跃，奠定了强大的经济基础和科技实力后盾，三峡工程重新提上议事日程。

工程建设首先面临“主上派”和“缓上派”的再度论争。与20世纪50年代小范围、学术性论争相比，发生在80年代有关三峡工程的争议范围更广，涉及人数更多，对立也更尖锐。在论争中，通过大众媒体的报道，国人对三峡工程研究的深度、广度大大提高，社会上引发争议的诸多问题也逐渐明朗。特别是经过14个专家组对投资、泥沙淤积、航运、安全、环境等14个关键问题的反复研究、论证，推动了三峡工程日后的最终决策上马。

在三峡工程尚未具备上马条件的情况下，1970年5月，湖北省向中央建议先兴建葛洲坝工程。中央在研究了葛洲坝工程与三峡工程的关系，并听取了对先兴建葛洲坝工程的不同意见后，于1970年12月26日批准兴建葛洲坝工程，并指出，兴建葛洲坝工程，是有计划、有步骤地为建设三峡工程做实战准备。

1981年开始发电、通航，1989年全部建成的葛洲坝工程，不仅有效缓解了华中地区电力紧缺的局面，显著改善了三峡江段的航道条件，还在科学技术方面取得了巨大成就，培养锻炼了一支科研、勘测、规划、设计、施工、运行管理队伍，为建设三峡工程积累了宝贵经验，并做了实战准备。

鉴于中央决定上大型水电工程以实现工农业总产值翻两番的目标，同时考虑到规模适当，适应国情以及减少水库淹没等因素，长江水利委员会于1983年编制了正常蓄水位150米方案的可行性报告。1984年4月，国务院原则批准该方案，并决定成立三峡工程领导小组、三峡行政区（未能成立，改组为国务院三峡地区经济开发办公室）、三峡工程开发总公司，为三峡工程做施工准备。

1988年11月，根据14个专家组的专题报告，长江委重新编制的《长江三峡水利枢纽可行性研究报告》获得审议通过，重新论证的总结论是：三峡工程对我国四个现代化建设是必要的，技术上是可行的，经济上是合理的，建比不建好，早建比晚建有利，建议早做决策。

在经过1986年至1988年近三年、400多名专家学者的论证和历时9天的国务院“三峡工程论证汇报会”及10个月的可行性报告预审和集体审查的基础上，七届全国人大五次会议于1992年4月3日通过了关于兴建三峡工程的决议，三峡工程转入正式实施阶段。

1993年9月27日，经国务院批准，中国长江三峡工程开发总公司正式成立。1994年12月14日，三峡工程正式开工。

1997年11月8日，三峡工程胜利实现大江截流。2000年完成混凝土浇筑548.17万立方米，创造了水电工程年浇筑混凝土量的世界新纪录。2003年6月16日，双线五级船闸试通航成功，18日正式向社会船舶开放。2003年7月10日，左岸电站首台机组并网发电。2007年6月，三峡右岸电站首台机组投产发电，并实现当年投产500万千瓦装机的世界纪录。2009年8月29日，三峡枢纽工程正常蓄水175米水位通过验收，这标志着三峡工程初步设计建设任务全部完成。2012年8月29日，三峡地下电站最后一台投产的27号机组顺利通过启动验收，这标志着三峡地下发电设备全部通过考核运行检验。

二、三峡工程的社会效益、经济效益

在三峡工程论证、上马和建设过程中，无论是决策者还是建设者，高举“为我中华，志建三峡”的崇高目标，坚持“建好一座电站、带动一方经济、改善一片环境、造福一批移民”的理念，筑坝为民、治水兴邦。

（一）社会效益

1．防汛。三峡工程建成后，巨大的防洪调节库容有效地改变了长江中下游的防洪形势，结束了沿江数省多年几十万军民上堤防洪的历史，长江中下游2300万亩耕地和1500万人的生命财产安全受到保护。2003—2016年年底，实施拦洪运用41次，累计拦蓄洪量1219亿立方米。2010年和2012年，三峡水库经受超过70000立方米/秒洪峰的考验。据测算，仅仅2009—2012年四年间，三峡工程的防洪经济效益就达776亿元。

三峡工程的防洪作用显著，可以将荆江河段防洪标准由目前的10年一遇提高到100年一遇；配合分蓄洪工程，可以防止荆江河段发生毁灭性灾害；可以减少流入洞庭湖的水、沙，减轻洞庭湖的淤积和防洪负担，延长洞庭湖的寿命；可以较大幅度地减少中游的分蓄洪损失；可以减轻洪水对武汉地区的威胁，对下游地区也有一定防洪作用。

2．移民。三峡工程移民坚持开发性移民方针，基本实现了“搬得出、稳得住、逐步能致富”的目标。在工程建设的近20年中，在山高坡陡、人多地少、经济落后、生态脆弱的国家贫困连片区内有序完成了130余万移民的搬迁安置和12座县城及1600多家工矿企业的搬迁重建。搬迁重建后，库区移民在居住条件、基础设施、生产条件、家庭收入等方面实现了跨越式发展，库区面貌发生翻天覆地的变化。库区城镇居民人均可支配收入增长8倍多，农民人均收入增长6倍多，库区经济增速高于全国、湖北和重庆同期水平，还实现了经济结构的战略性调整和社会结构的重大转型，实现了从量的积累到质的跨越，步入发展最快的历史时期。

3．补水。三峡工程水资源综合利用效益巨大。工程建成后，形成了一个总量近400亿立方米的国家战略淡水资源库，其水质优良、高程适中、辐射面广，在对长江中下游进行补水和供水的同时，还为南水北调提供新的水源。2003—2016年，为下游补水总量1997亿立方米，累计补水1601天；平均增加航道水深0.7米，1—4月最小下泄流量标准由最小3000立方米/秒提高至6000立方米/秒，有效保证下游生产生活用水及航运需要。

4．流域安全。一是保障防洪安全，优化产业布局。三峡工程与上游水库联合调度，再配合防洪体系中堤防工程、蓄滞洪区等综合运用，长江防汛调度将更加主动和灵活，彻底改变过去长期被动防汛的局面，中下游沿江地区开发建设的束缚得以解除，经济重心向沿江地区聚集的趋势将日渐明显。同时，沿江部分蓄滞洪区、洲滩、岸线也获得更大的开发利用空间，大大提高国土资源利用效率。二是保障水资源安全，支撑经济社会可持续发展。三峡水库为沿江地区水资源优化调度配置搭建了一个良好的平台，水库“调丰补枯”可显著增加枯期下泄流量，同时联合上游陆续形成的庞大水库群进行科学调度，将大大缓解下游引调水矛盾。

5．生态保护。三峡工程可以利用水库灵活调控水位、流量，保护和改善生态环境。通过生态调度，改善长江口咸潮入侵情势；通过生态调度，为“四大家鱼”产卵创造合适的繁殖条件。通过加强人工研究和增殖放流，有效减缓和弥补三峡工程对中华鲟等长江珍稀特有鱼类带来的不利影响。2009年10月，中华鲟全人工繁殖获得成功，该项研究达到国际领先水平，为中华鲟物种保护和资源的持续利用开辟了新途径。截至目前，已经累计向长江放流各种规格的中华鲟超过500万尾，放流达氏鲟、胭脂鱼等长江珍稀特有鱼类90万余尾，放流各类规格的经济鱼类和上游特有鱼类2000多万余尾。

（二）经济效益

1．发电。自2003年投产以来，截至2017年年底，三峡电站累计发电电量10889亿千瓦时，可供上海市用电量7.1年（2015年），有效缓解了华中、华东地区及广东省电力市场供需矛盾，有力地促进了当地的经济社会发展。2014年，三峡电站年发电988亿千瓦时，刷新单座电站年发电世界纪录。三峡电站的建成，极大地促进了全国电力联网和西电东送、南北互供输电格局的形成。同时，三峡电站具有的快速启停机组、迅速自动调整负荷的良好调节性能，为电力系统的安全稳定运行提供了可靠保障。

2．通航。大大改善宜昌至重庆660千米航道的通航条件，航行船舶吨位从1000吨级提高到3000至5000吨级，运输成本降低1/3以上。货运量达10.01亿吨，年货运量是三峡工程蓄水前该河段年最高货运量的6倍以上。“自古川江不夜航”成为历史。提升黄金水道功能，提高综合运输能力，为进一步提升长江“黄金水道”功能创造了条件。疏通外需向内需转型的通道，促进区内产业转移，为长江经济带上、下游之间物质交流、产业转移提供了良好的通道。库区船舶航行的安全性也得到大幅提高，库区长江干线水上交通事故数平均较蓄水前减少了约2/3，重大交通事故数约是蓄水前的1/17。

3．节能减排。自2003年投产以来，三峡工程累计发电1万亿千瓦时，相当于节约标准煤3.19亿吨，减排二氧化碳8.58亿吨，减排二氧化硫899万吨，减排氮氧化物257万吨。三峡电站减排效益与224.3万公顷阔叶林相当，增加了1/3个大兴安岭林区。一是减少能源消耗，直接优化长江经济带能源结构，降低化石能源所占比重，减少碳排放。二是减轻北煤南运压力，间接减少铁路、水路及公路运煤过程中消耗的能源。

4．旅游。三峡工程的兴建，不仅使长江三峡原有的自然景观更加美丽，而且还增添了高峡平湖等人文景观，让三峡大坝景区日益成为吸引中外游客的重要旅游目的地。自2003年以来，景区累计接待旅客超过2460多万人次，特别是自2014年实施“一免一开”政策以来（即对中国大陆游客施行免门票开放，向社会全面开放客车、有条件开放货车在三峡专用公路通行），景区接待游客量接连攀升、屡创新高。实践证明，三峡工程在优化库坝区产业结构、推进服务业发展、增加移民就业等方面日益发挥着越来越重要的作用。

中国长江三峡集团有限公司供稿

铸魂三线，写意蓝天

——陕西飞机工业（集团）有限公司

陕西飞机工业（集团）有限公司（以下简称陕飞公司）是1969年经中央批准建设，定点研制大、中型军民用运输机的大型军工企业，现隶属于中航工业飞机公司，是国家重点保军企业。公司占地4700多亩，拥有总资产68亿元，职工近万人。作为大型航空主机企业，陕飞公司坚守“国家利益至上”的军工企业核心价值观，扎根三线、艰苦奋斗，牢记使命、忠诚报国，为我国国防现代化建设和国民经济发展做出了突出贡献。

一、文化育人　文化兴企

自1969年创立以来，陕飞公司经历了创立创业、发展壮大和跨越腾飞等历史阶段，在从无到有、由小到大、由弱变强的发展进程中，企业文化自始至终发挥着重要的思想引领与精神支撑作用。陕飞公司坚持“文化育人、文化兴企”战略，以“国家利益至上”的军工企业核心价值观为指导，构建并形成了特点鲜明的企业文化，用以引领员工的思想和行为，培养员工的使命感、责任感和紧迫感，激发员工工作的主动性、积极性和创新性。

陕飞公司的企业文化具有鲜明的时代特征。“奉献”文化对应于创立创业阶段，“贡献”文化对应于发展壮大阶段，现在正在实施的“共赢”文化对应于跨越腾飞阶段。作为诞生伊始就肩负着为国家研制生产航空武器装备这一神圣使命的大型军工企业，陕飞人深知所从事的事业与国家利益、国家安全和国家命脉紧密相连，无论“奉献”文化、“贡献”文化，还是现在正在实施的“共赢”文化，都始终坚持和贯彻着“国家利益至上”的军工企业核心价值观，其价值导向始终是忠诚履行好国家赋予的神圣使命，为国防建设提供好用、管用、顶用的航空武器装备，努力为用户提供稳定可靠的产品服务保障。

40多年来，陕飞公司为国家研制生产了多型号运八系列飞机。从北国大漠到南国海疆，从东海之滨到雪域高原，祖国山河见证了运八系列飞机翱翔蓝天的英姿，华夏大地印刻了陕飞人报效祖国的情怀。无论在“九八”抗洪及四川汶川、青海玉树、云南彝良、四川雅安等抗震抢险中，还是在历次中外联合军演等重大行动中，陕飞公司研制生产的运八系列飞机都多次出征，在保卫国家财产和人民生命安全、维护国家利益的行动中发挥了重要作用，做出了突出贡献。

二、自强不息　奉献创企

从1969年创立到20世纪末，在近30年的时间里，在极其艰苦的条件下，陕飞人秉承“国家利益至上”的核心价值观，在“把一切献给党”的精神感召和激励下，迸发出了巨大的爱国热忱，在建企业、出产品的同时，陕飞公司孕育出了“自力更生，艰苦奋斗，顽强拼搏，团结奉献”的企业精神。

陕飞公司创建之初，正是国际形势风云变幻、国民经济岌岌可危之时，全国人民政治热情高涨，但生活条件极差。因此，大力加强文化建设，培育具有三线特色的“奉献”文化，以强有力的精神激励来激发人们建设三线军工企业的热情，成为陕飞文化建设的必然选择。

陕飞公司当时把国情教育、国防意识教育作为军工文化建设的主要内容来抓，以各种形式宣讲旧中国的屈辱史，宣讲中国航空工业面临的严峻形势，激发干部、职工的航空情、报国志，引导广大干部、职工为创航空基业奉献青春、奉献智慧、奉献汗水。陕飞人不畏艰苦，不讲条件、不计报酬，自力更生、艰苦奋斗，顽强拼搏、坚韧不拔、团结协作、无私奉献，终于打赢了工厂建设大会战、“治滑保厂”攻坚战和运八飞机研制大会战，硬是在荒芜的猫儿山下、文川河畔建成了当时我国最大的运输飞机制造厂，研制出了国内运载能力最强的运八飞机。

然而，就在陕飞公司“蹒跚起步”、刚刚形成航空装备研制生产基本能力的关键时刻，国内外形势发生了巨大变化，军品订货量大幅下降，陕飞被列入“缓建”和“维持”企业的行列。整个“八五”期间，年均订货量不足两架，生产线处于停产半停产状态，经济亏损，发不出工资……企业面临着严重的生存危机。面对危境，陕飞人不等不靠，积极开发各种民品，维持企业的基本运转，为陕飞公司后来履行使命、报效国家维系了“薪火”，保存了根基。

1996年，国防建设急需的“515工程”立项研制，而研制投入却又严重不足。但是，为了国防事业，为了发展陕飞，陕飞人团结一心，攻坚克难，不讲条件，成功研制了我国真正意义上的第一型特种飞机，为我国后续特种机的研制打下了坚实基础。同时，铸就了“顾全大局，通力合作，顽强拼搏，敢于胜利”的“515”精神，使“奉献”文化的内涵在研制实践中得到进一步丰富。

在创立阶段极其艰苦的历史条件下，“奉献”文化引领陕飞人克服重重困难，创建了企业，保全了企业，并研制出了运八特种机平台，形成了航空主机研制生产的基本能力，为陕飞公司的后续发展奠定了根基。

三、创新图变　贡献立企

世纪之交，随着国家改革开放政策的深入推进和经济转型战略的深入实施，我国经济建设取得了巨大成就，国家综合国力显著增强。面对新的国际形势和世界格局，我国军事战略也发生了相应转变，军工企业迎来了新的发展机遇。

从1998年到2010年，陕飞公司紧紧抓住航空武器装备信息化建设的大好机遇，承担了多型号研制任务。然而，此时的陕飞基础弱、底子薄，人才流失又相当严重。为肩负起国家赋予的光荣使命，完成好多型号研制的政治任务，陕飞公司的企业文化建设开始从“奉献”文化向“贡献”文化转型，期间培育了“艰苦奋斗、爱企敬业、开拓进取、求实创新”的企业精神。“贡献”文化促使干部、职工内在潜能得到充分释放，创新热情空前高涨，技术、管理等各项事业全面进步。

“贡献”文化以企业使命、企业精神、核心价值观及行为理念等为脉络，以三线企业文化为特色，建立健全了《陕飞基本纲领》《陕飞新文化纲要》和相关规章制度、形象识别体系。以“贡献”为核心价值观的企业文化，倡导打破“等靠要”和平均主义“大锅饭”思想，倡导“尊重知识、尊重劳动、尊重创造”。在这样的价值导向下，“按劳分配，多劳多得”的政策激励成为主流，薪酬向研发人员倾斜，优先解决科研人员的住房困难，型号研制大胆给年轻人压担子……开启了感情留人、待遇留人、事业留人的先河，激发了干部职工新一轮创业激情，干部、职工思想观念、精神面貌和行为方式发生了可喜变化。

在“贡献”文化引领下，陕飞人牢记使命、绽放激情，进取担当、忘我工作，大胆创新、勇于攀登，全面推行“5+2”“711”工作制，关键时刻甚至保持“连轴转”的工作状态，在较短的周期内成功研制出了以“空警200”为代表的多型特种飞机，满足了国防建设的急需，填补了我军多项航空武器装备的空白。其间，孕育了“激情进取，挑战极限”的“空警200精神”。2009年10月1日，“空警200”参加了新中国成立六十周年阅兵仪式，米秒不差，成功飞过天安门广场上空，接受了党和人民的检阅，展军威，壮国威，向祖国交上了一份满意的答卷。

四、跨越腾飞　共赢强企

经过“十五”“十一五”的快速发展，陕飞的经济规模和经济总量显著提升，核心能力和市场竞争力显著增强，具备了实现跨越腾飞发展的条件和能力。但是，新形势面临新任务、新考验。

一方面，进入“十二五”，国家综合国力进一步增强，对国防武器装备建设提出了新的更高的要求，航空武器装备研制任务极其繁重；另一方面，社会环境发生了巨大变化，员工的价值观呈现多元。面对新形势、新任务、新考验，如何进一步强化航空核心能力，增强全员的凝聚力和贡献力，更好地履行航空报国的使命，服务国防建设？文化建设工作转型升级成为必然。

经过慎重思考和全员大讨论，陕飞公司认为，“共赢”文化能够引领陕飞公司进一步强化核心能力，增强全员的凝聚力和贡献力，更好地履行航空报国的使命，服务国防建设；能够引领陕飞公司实现跨越腾飞，做大、做强、做优，实现“百亿梦”、建成“强陕飞”！

“共赢”文化的核心内涵是忠诚履行好航空报国的企业使命，努力创造国防经济、经济价值、社会价值，大力推进股东和投资方、客户、员工、供应商等利益相关方共同发展、互利共赢，最终推动陕飞实现跨越发展，为国防建设和国民经济发展做出新的更大的贡献。“共赢”文化既与社会主义核心价值观、军工企业核心价值观一脉相承，又对接了中航工业航空报国的集团核心价值观，明确提出：陕飞的使命是“航空报国，强军富民”，愿景是“把陕飞建成能力最强的中型运输机和特种机研制总成基地，打造涡桨飞机全球第一级”，战略是“航空为本，相关多元，改革创新，超越百亿，建设生态型航空新城”，发展理念是“创造价值，共进共赢”，企业精神是“艰苦奋斗，激情超越”，工作作风是“认真负责，规范高效”……同时明确的还有包括人才文化、质量文化、型号文化、市场文化、成本文化、安全环境文化、保密文化、廉洁文化、风险文化、节庆文化等子文化理念。

“共赢”文化建设推进旨在通过适应时代发展要求的先进文化的引领，牢牢巩固社会主义核心价值观、军工企业核心价值观、中航工业集团核心价值观在陕飞文化建设中的主导地位，使文化管理通过子文化在公司运作的各个方面得到最广阔的实践，并转化为同心同向、忠诚报国的统一思想、意志和行为。

五、凝心聚力　推动发展

40多年来，陕飞公司文化建设发挥了凝聚人心、激发智慧、汇集力量的作用，“奉献”文化、“贡献”文化和目前正在实施推进的“共赢”文化有效促进了航空武器装备科研生产任务的顺利完成，使陕飞公司走上了持续健康快速发展的道路，并为国防建设和国民经济发展做出了突出贡献，较好地践行了“国家利益至上”的军工企业核心价值观，较好地履行了航空报国的企业使命。自“十一五”以来，陕飞公司经济总量快速提升，连续以超过20%的增速快速增长，2013年总产值突破40亿元，销售收入突破40亿元，经济效益和经济运行质量显著改观；企业品牌影响力、社会美誉度显著提高。同时，公司培养和造就了一支忠诚使命、素质优良的航空产品研发、管理和技能人才队伍，职工收入水平和生活品质显著提高，员工归属感和自豪感明显增强。

陕飞公司文化建设在引领公司发展进步的同时，其做法也得到了上级部门的广泛认可：2007年12月，公司荣获首批“国防科技工业军工文化建设示范单位”称号；2009年10月，获得“国防科技工业军工三线文化教育基地”称号；2011年1月，荣获中航工业首批“集团文化建设示范单位”称号；2012年被中航工业集团公司评为“上好一堂文化课”先进单位；2012年8月，作为国企代表被推荐参加了中宣部、中国思想政治工作研究会在京举办的“第七届中国企业文化论坛”，文化建设成就通过中国思想政治工作网对外发布。

文化是软实力，文化是企业发展的灵魂，正确、先进的企业文化是推动企业健康持续快速发展的源动力。陕飞公司将继续坚持正确的企业文化建设方向，并用先进的企业文化引导和激励陕飞人在航空报国的伟大征程上续写新篇章！

陕西飞机工业（集团）有限公司供稿

引黄入晋，兴利远害

——万家寨水利枢纽工程

万家寨水利枢纽工程位于黄河北干流托克托至龙口河段峡谷内，是黄河中游规划开发的8个梯级中的第一个工程，也是山西省引黄入晋工程的起点，左岸隶属山西省偏关县，右岸隶属内蒙古自治区准格尔旗。坝址控制流域面积39.5万平方公里，水库总库容8.96亿立方米，调节库容4.45亿立方米。具有供水、发电、防洪、防凌等综合效益。

一、工程构成

万家寨水利枢纽工程由拦河坝、泄水建筑物、电站厂房、开关站、引黄取水口等组成。

拦河坝

坝顶高程982米，坝顶长443米，顶宽21米，上游坡1：0.15，下游坡1：0.7。体积150万立方米；大坝在915米高程以下河床坝段横缝灌浆连成整体，岸坡坝段分别在948和940米高程以下连成整体，以使个别坝段由于层间剪切带和泥化夹层相对集中时，借助相邻坝段的帮助，提高抗滑稳定性。

泄水建筑物

共设有8个底孔，4个中孔，1个表孔，5个排沙孔。底孔为压力短管式无压坝身泄水孔，布置在河床左侧5～8号坝段，每坝段2孔，孔口尺寸4米×6米，进口底坎高程915米，用弧形门操作，主要用于调水调沙，水库冲淤。末端用挑流消能。库水位970米时，总泄量5271立方米/秒。中孔为压力短管式无压坝身泄水孔，布置在河床中部9号和10号坝段，每坝段2孔，孔口尺寸4米×8米，进口底坎高程946米，用平板门操作，主要用于泄洪排沙和排漂。末端用挑流消能，总泄量2156立方米/秒。表孔为开敞式溢流堰，布置在左侧4号坝段，孔口净宽14米，堰顶高程970米，担负排水和泄放超标洪水作用，当库水位980米时，泄量864立方米/秒。排沙孔为坝内压力钢管，布置于河床右侧13～17号电站坝段，位于电站进水口下方，进口底坎高程912米。进口段尺寸为2.4米×3.0米，设有平板检修闸门，一道事故闸门，主要用于减少进入电站的泥沙。

电站厂房

进水口高程932米，钢管直径7.5米。主厂房长196.5米，宽27米（上部）、43.75米（下部），高56.3米。为坝后厂房。装6台单机容量18万千瓦水轮发电机组，额定水头68米，最大水头81.5米，最小水头51.3米。220千伏户内式开关站，布置在厂坝之间的平台上，布置GIS19个间隔。

引黄入晋工程

渠首为2条引水隧洞，洞径4米，洞中心线间距12米，单洞引用流量24立方米/秒。取水口布置在拦河坝左岸2号和3号非溢流坝段上。在引水时段内，水库最高库水位980米，最低库水位957米。为保证能引取表层清水，采用分层取水结构物。

二、工程意义

万家寨水利枢纽位于山西省偏关县的黄河干流上，坝高90米，坝长

438米，为混凝土重力坝；电站装机108万千瓦，年发电27.5亿千瓦时；库容8.96亿立方米。

万家寨水利枢纽是国家“九五”重点工程，是山西省“引黄入晋”水源龙头工程，是黄河中游梯级开发规划的第一级。工程主要任务是供水结合发电调峰，同时兼有防洪、防凌等作用。工程位于山西和内蒙古接壤地区，周边地区是国家重点能源、化工基地。该地区因水土流失严重，水资源严重匮乏问题已成为工农业生产、经济发展和生态环境改善的制约因素。同时，由于枢纽所处华北电网以火电为主，缺少水电调峰。因此，万家寨水利枢纽工程的建设将缓解山西省和周边地区21世纪的水资源短缺、优化华北电网能源结构，对促进西北地区乃至北方地区经济社会的发展都具有十分重要的意义。

万家寨水利枢纽水土保持工程的实施，极大地改善了枢纽施工区的生态环境。

万家寨已不再是“天高愁涧壑，荒边无树无鸟窝”的景象。8万多平方米的绿地和10多万株油松、垂柳，点缀着大坝厂房和生活区，点缀着黄河两岸的山坡；过去的荒山秃岭长满了绿树，过去的乱石滩变成了美丽的绿草坪。工程建设者用自己的双手培育起来的一草一木，与汗水浇筑的大坝融汇在一起，给万家寨勾画出一幅独特的风景——花团锦簇、松柏常青、山野披绿、大地吐翠、大坝高耸、高楼林立、碧波荡漾。

万家寨工程建成后，水库运行采用“蓄清排淬”的运行方式，每年向内蒙古和山西省供水可达14亿立方米，向内蒙古准格尔旗供水2.0亿立方米，引黄入晋工程从万家寨枢纽取水，年引水总量12亿立方米，其中向山西平朔、大同供水5.6亿立方米，向太原供水6.4亿立方米。

三、工程进展

万家寨水利枢纽工程由水利部、山西省和内蒙古自治区共同投资兴建，是中国第一个由中央和地方合作建设的大型水电工程。

1993年7月，万家寨水利枢纽经国家批准立项，由水利部、山西省、内蒙古自治区三方投资兴建，同年10月进入工程前期准备阶段。

1994年主体工程开工。1995年12月，万家寨工程成功截流，将工程推向一个新的阶段。

1997年底工程主体混凝土浇筑133.3万立方米，主厂房部分封顶，1#发电机座环已吊装到位，蜗壳开始安装，标志着首台发电机组正式进入安装阶段。小沙湾水源工程进展顺利已完成70%以上的土建任务。整个工程已累计完成26.5亿元。

1998年在大型机电设备供货日期已拖后三个半月的情况下，工程建设部门加强了现场指挥和协调，全体建设者决战100天，实现了10月1日下闸蓄水，11月28日首台机组提前33天并网发电的目标。

1999年2、3号机组也顺利投产发电。2000年4、5、6三台机组全部投产发电，主体工程完工。

2002年6月29日，黄河万家寨水利枢纽工程通过了水利部组织的竣工初步验收。

四、施工技术

在工程建设中，采用溢流坝长护坦挑流消能、发电引水钢管采用浅埋式布置、应用低热微膨胀混凝土、电站主厂房屋顶采用球形钢网架结构、泄水建筑物抗冲磨混凝土设计等。在施工中，大坝接缝灌浆、中孔溢流面滑模、电站厂房水肘管模板、缆索式起重机的改造与调试、坝基剪切带化学灌浆加固和220V干式电缆安装也应用了新技术。

施工期仅5年，而冬季混凝土不宜施工，每年混凝土施工有效时间仅为7个月，要在如此紧迫的工期和恶劣的气候条件下，完成150多万立方米混凝土的浇筑任务，难度很大，必须寻找新的筑坝技术。低热微膨胀混凝土筑坝技术，在国内十几个水利水电工程上得到局部应用，但在大型水利枢纽中多部位大量应用，不仅国外无先例，国内也系首次。为此，水利部将万家寨水利枢纽采用低热微膨胀混凝土筑坝技术研究列为水利部水利科技重点项目，通过试验研究，其成果表明，在万家寨水利枢纽大面积应用低热微膨胀补偿收缩混凝土，在技术上是可行的。

根据工程建设的进展情况，在边坡坝段、导流底孔封堵、压力钢管槽回填等部位使用低热微膨胀混凝土，节省了投资，简化了温控措施，缩短了建设工期。为加快施工进度，减少坝体混凝土浇筑与钢管安装的施工干扰，减少钢管槽一期混凝土回填工程量及有利于工程下闸蓄水和发电目标的实现，对电站发电引水压力钢管布置型式优化。经过计算研究和试验论证，将发电引水压力钢管改为坝内浅埋式压力钢管，对减少钢管安装和坝体混凝土的施工干扰，降低钢管安装施工难度，争取工期，为工程度汛、下闸蓄水和第一台机组发电均创造了有利的条件。

五、移民搬迁

大型水利枢纽的建设涉及周边环境、施工区库区移民迁建等诸多环境因素和社会问题，需要当地政府的支持。在万家寨工程建设过程中，中央及水利部、山西省、内蒙古自治区等主要领导先后十多次到工地检查指导工作，工程建设领导小组多次召开会议研究解决工程建设的体制、投资、移民、环境等重大问题。万家寨工程位于山西省与内蒙古自治区的界河上，95%的移民工作量集中在内蒙古自治区，截至1997年底山西侧移民工作已完成，内蒙古侧仅完成了20%的工作量。为了加快移民搬迁的进程，1998年初黄河万家寨水利枢纽有限公司与内蒙古签订了《移民搬迁专项迁建协议书》，进一步明确了业主和负责移民工作的地方政府的关系及职责。经过双方共同努力，在短短的9个月中，库区淹没线980米以下的3620人全部搬迁，库盘彻底清理完毕，并于1998年9月通过了水利部、山西省、内蒙古自治区政府组织的验收，为枢纽下闸蓄水创造了良好条件。

在移民工作中，业主单位下设征地移民办公室；水利部黄河水利委员会移民局设立万家寨水利枢纽工程移民监理部；水利部天津水利水电勘测设计研究院为万家寨水利枢纽移民工程的规划设计单位；征地移民所涉及的内蒙古自治区政府成立了万家寨水利工程征地安置领导小组，山西省偏关县成立了支持重点工程办公室。黄河万家寨水利枢纽有限公司与省（自治区）移民机构、监理单位签订了合同，内蒙古库区各级政府部门之间层层签订了责任状。采取县级领导包村，工作组干部包户的办法，做到责任到人。在移民工程中还实行了奖励激励机制。这些为移民工作提供了切实可靠的组织保证、技术保证、质量和经费保证。

六、工程监理

万家寨工程建设全面实行了社会监理，监理由水利部东北勘测设计研究院为总监单位，水利部天津勘测设计研究院为副总监单位。由水利部天津勘测设计研究院监造中心、黄河水电公司分别承担主要机电设备和金属结构的监造；由水利部黄河水利委员会移民局承担库区移民和专项迁建工程的监理。监理单位代表业主对承包商实施监理，对工程量的计量、结算、合同支付、设计变更、索赔等进行全面审核，对工程进度、质量、投资实行严格控制，配置了专业齐全的监理队伍，在工程建设中发挥了重要作用。对重要隐蔽工程的主要工序，监理必须在现场实施旁站监理。如2号机转子中心体组焊出现裂纹，进行焊接施工时，监理工程师自始至终在现场实施旁站监督。在工程建设中，也出现了一些缺陷，如大坝及厂房渗漏水等，各有关单位对这些工程缺陷及时进行了处理，经检测，处理后的各项工程质量达到了设计要求。

万家寨水利枢纽的主体工程、大型临时建筑物和附属工程的建设施工，机电设备的制造和安装均全面实行招投标制。通过招投标竞争，主体工程大坝Ⅰ标、电站厂房Ⅱ标分别由中国水利水电第四、第六工程局中标承包；金属结构及机电设备制造运输Ⅲ标，由国内外20余家专业厂商承包。

七、工程评估

从1992年工程前期工作开始筹备，经过建设者多年的努力，万家寨工程建设取得了丰硕成果，工程进度、质量和投资都得到了很好控制。万家寨工程是百万千瓦装机、百米高大坝的“双百”工程，经过建设者精心组织、精心施工，从主体工程开工至首台机组发电，仅用三年半的时间，创造了中国同等大型水电工程建设的高速度。在工程建设中形成了“业主单位负责，监理单位控制，施工单位保证，政府部门监督”的工程质量保证体系。枢纽主体工程有单位工程5个，已通过验收，合格率100%，其中优良单位工程4个，优良率为80%；主要建筑物单位工程3个，优良率为100%。总体评价工程质量优良。由于采用招标投标制和严格的合同管理，通过优化设计、合理化建议、新材料使用等有效途径，工程投资得到了有效控制。据测算，工程总投资节省18%，约11亿元，工程静态投资节省约2亿元。

八、工程环保

过去走近万家寨，一个突出的感受是满目荒凉。强烈的地质构造运动和水流下切作用使这里形成陡峭的峡谷，由于长期自然风化和人为对资源的过度开发，昔日的万家寨形成了沟壑纵横、岩石裸露的恶劣自然环境。春季沙尘暴恣肆，黄沙遮天蔽日。即使是七八月份的雨季，也只能看到几棵稀疏的绿草。

从1993年开始，随着万家寨水利枢纽工程的开工建设，这里的生态环境也在悄然发生着变化。水利枢纽工程在建设中要开挖大量的土石方，往往会使本来就十分脆弱的生态环境更加恶化。然而，当工程一步步推进时，这里却山变绿了，水变清了，坝上碧波荡漾，坝下机声隆隆，一片生机盎然。黄河万家寨水利枢纽有限公司作为工程建设的业主，在工程建设伊始就对生态环境给予了高度重视。根据国家对工程建设项目与水土保持同时设计、同时施工、同时投产使用的“三同时”要求，公司请有关单位对枢纽施工区的水土保持、生态环境建设进行了全面规划，编制并上报水利部批准了《万家寨水利枢纽水土保持方案》，实施了大坝下游左右岸弃渣场防护工程、施工区绿化工程、大青沟弃渣治理工程、牛郎背沟弃渣治理工程、生活区绿化工程、影响区治理工程等六大水土保持生态环境建设工程，对枢纽工程的弃渣场进行了防护和复垦，对堆渣面、挖损面和两岸荒山荒坡进行了全面绿化。

几年来，共建设拦渣坝3座，治理弃渣场3个，修筑黄河护岸5.2公里，综合治理施工区和影响区面积1146公顷。通过治理，95%以上的弃渣得到了拦挡，工程占用土地得到了复垦利用，林草植被由原来的11.7%提高到28%，植被恢复系数达到了92%，水土流失总治理度达到了80%，水土流失控制到了允许量值，生态环境得到较大改善。

万家寨水务集团有限公司供稿

风前浪底，调水调沙

——黄河小浪底水利枢纽工程

小浪底水利枢纽是黄河干流三门峡以下唯一能够取得较大库容的控制性工程，既可较好地控制黄河洪水，又可利用其淤沙库容拦截泥沙，进行调水调沙运用，减缓下游河床的淤积抬高。1991年4月，七届全国人大四次会议批准小浪底工程在“八五”期间动工兴建。

小浪底工程1991年9月开始前期工程建设，1994年9月主体工程开工，1997年10月截流，2000年元月首台机组并网发电，2001年底主体工程全面完工，历时11年，共完成土石方挖填9478万立方米，混凝土348万立方米，钢结构3万吨，安置移民20万人，取得了工期提前，投资节约，质量优良的好成绩，被世界银行誉为该行与发展中国家合作项目的典范，在国际国内赢得了广泛赞誉。

小浪底工程被国际水利学界视为世界水利工程史上最具挑战性的项目之一，技术复杂，施工难度大，现场管理关系复杂，移民安置困难多。主体工程开工不久，即出现泄洪排沙系统标（二标）因塌方、设计变更、施工管理等原因造成进度严重滞后，截流有可能被推迟一年的严峻形势。截流以后，承包商又以地质变化、设计变更、赶工、后继法规影响等理由，向业主提出巨额索赔。

面对各种各样的困难，小浪底工程建设者以高度的主人翁责任感，强烈的爱国主义情怀，沉着应对，奋勇拼搏，创造性地应用合同条款，组织由国内几个工程局组成的联营体（OTFF）以劳务分包的方式，承担截流关键项目的施工，用13个月时间，抢回被延误的工期，实现了按期截流；在上级部门的支持下，精心准备、艰苦谈判，通过协商处理了全部索赔，使工程投资控制在概算范围以内，取得了工程建设的重大胜利。

小浪底工程在国家改革开放和经济体制由计划经济向市场经济转轨时期兴建，进行了广泛深入的国际合作和建设管理体制创新，引进、应用、创造了新的设计、施工技术，取得了巨大成就。技术上，较好地解决了垂直防渗与水平防渗相结合问题和进水口防淤堵问题；设计建造了世界上最大的孔板消能泄洪洞；设计建造了单薄山体下的地下洞室群；大量运用了新技术；实现了高强度机械化施工。管理上，成功地引进外资并进行国际竞争性招标；全面实践了“三制”建设管理模式；合同管理成效显著；移民安置做到了移得出、稳得住；工程建设计划全面完成，工期提前、投资节约；精神文明建设取得了丰硕成果；枢纽投运以后走上了良性发展的轨道。

工程竣工是运行管理的开端。小浪底水利枢纽的运行管理是一个严肃的科学课题，需要倍加重视。小浪底工程的建设者在运行管理过程中，以人与自然和谐共处和水利可持续发展观念为指导，深入研究水库运用规律，科学管理、合理调度，让小浪底水利枢纽这一举世瞩目的宏伟工程长久地为国民经济建设服务。

一、小浪底水利枢纽工程论证与决策

（一）小浪底水利枢纽坝址所在地适合建坝

新中国成立前，民国时期历次黄河勘察、调查、规划报告中，均将小浪底作为建坝坝址。新中国成立后，毛主席1951年10月30日亲临黄河视察，提出“要把黄河的事情办好”，黄河全面治理的规划工作开始进行。1953年黄委会组织力量进驻小浪底坝址开展勘探和测量工作。

1955年7月，一届全国人大二次会议通过《关于根治黄河水害和开发黄河水利的综合规划的决议》（以下简称《决议》）。《决议》提出在黄河干流由上而下布置46座梯级，小浪底是第40个梯级，为径流式电站。

（二）三门峡水库运用方式改变，使小浪底水利枢纽成为黄河下游防洪和水资源开发的重大工程措施

三门峡工程建设期间，1958年8月，三门峡至花园口区间出现暴雨，小浪底水文站实测洪水17000立方米/秒，黄河堤防多处出险，沿黄军民200万人上堤抗洪，周恩来总理亲临郑州指挥。这场洪水使人们认识到：仅靠三门峡水库不足以保证黄河下游的安澜。

三门峡水库1960年9月首次蓄水，1961年2月9日坝前最高水位达332.5米，回水超过潼关，潼关段河床平均淤高4.3米，致使渭河排水不畅，两岸地下水位抬高，河水浸没农田，危及关中平原的安全。

国务院决定自1962年3月起降低三门峡运用水位，将水库运用方式由“蓄水拦沙”改为“滞洪排沙”，后进一步改为“蓄清排浑”。三门峡水库运用方式做此调整，使其拦蓄三门峡以上洪水、泥沙的能力降低。

1975年8月上旬，淮河发生特大暴雨。经气象分析，这场暴雨完全有可能发生在三门峡—花园口区间，从而使黄河产生40000～55000立方米/秒的特大洪水。

三门峡以下大洪水无有效控制措施。小浪底是三门峡以下唯一能够

取得较大库容的坝址。小浪底水库因此成为防御黄河下游特大洪水的重要工程选项。1975年8月，山东省、河南省、水利部联合报告国务院，提出修建小浪底或桃花峪工程。

（三）三门峡—小浪底区间合并一级开发，开发目标转为以防洪为主

在1954年的“决议”中，三门峡以下有任家堆、八里胡同、小浪底三个梯级，小浪底为以发电为主的径流式电站。1958—1970年的黄河规划对三门峡—小浪底区间三级、二级、一级开发进行了比较研究。

三级梯级开发方案，任家堆，八里胡同、小浪底均为低坝，有效库容约5亿立方米，虽然造价相对较低，但不能满足防洪、防凌、减淤、供水、发电等开发任务要求。

两级开发方案，即小浪底中坝方安，（正常蓄水位240米）加任家堆径流电站。小浪底拦沙库容只有10亿立方米，对减少下游淤积作用不大，在防洪上，小浪底蓄洪水位需抬高到240米，淹没任家堆尾水位10米，才能取得36亿立方米的防洪库容，防洪运用没有余地；在投资方面，两级开发方案略大于一级开发方案。

一级开发方案，即小浪底高坝方案，可以较好地满足防洪、防凌、减淤、供水、发电的需要，同时，在工程技术方面，小浪底中坝与高坝没有显著差别。

（四）小浪底与桃花峪进行比较论证

1975年8月，河南省、山东省和水电部联合向国务院报送《关于防御黄河下游特大洪水意见的报告》，提出：“为防御下游特大洪水，在干流兴建工程的地点有小浪底、桃花峪。从全局看，为了确保下游安全必须考虑修建其中一处”。国务院于1976年5月3日批复，原则上同意两

省一部报告，并指示“可即对各项重大防洪工程进行规划设计”。

1980年11月，水利部对小浪底、桃花峪工程规划进行了审查，决定不再进行桃花峪工程的比较工作。小浪底在黄河中下游防洪规划中的地位被确定下来。

1981年3月，黄委会设计院完成《黄河小浪底水库工程初步设计要点报告》，确定枢纽开发任务为防洪、减淤、发电、供水、防凌；工程等级为一等，水库正常高水位275米，设计水位270.5米，校核洪水位275米；拦河坝为重粉质壤土心墙堆石坝，坝顶高程280米；总库容127亿立方米，坝址为III坝址。水库初期采取“蓄水拦沙”运用，后期采取“蓄清排浑”运用；电站装机6台，单机容量26万千瓦。此后的历次设计修改均脱胎于此方案。

（五）开展国际合作、科技攻关

小浪底工程的复杂性在于工程泥沙问题和工程地质问题。小浪底工程控制几乎100%的黄河泥沙，实测最大含沙量941公斤/立方米。坝址有大于70米的河床深覆盖层、软弱泥化夹层、左岸单薄分水岭、顺河大断裂、右岸倾倒变形体、地震基本列度7度等地质难题。为解决工程泥沙及工程地质问题，1979年水电部聘请法国的柯因·贝利埃咨询公司对小浪底工程的设计进行咨询。柯因公司认为小浪底工程的泄洪、排沙和引水发电建筑物的进口必须集中布置才能防止泥沙淤堵。

1984年9月—1985年10月，黄委会与柏克德公司进行小浪底轮廓设计。轮廓设计确定了以洞群进口集中布置为特点的枢纽建筑物总布置格局，设计提出导流洞改建孔板消能泄洪洞，按国际施工水平确定工程总工期为八年半。

1986年国家计委委托中国国际工程咨询公司对设计任务书进行评

估。评估意见建议国家计委对该“设计任务书”予以审批。

1988—1989年黄委设计院根据多次审查意见对初步设计进行了优化。优化后的枢纽建筑物总布置方案，将原初步设计六座错台布置的综合进水塔改为直线布置的九座进水塔。招标设计时又增加一座灌溉塔。

1991年11月，黄委会设计院根据咨询专家的意见，将原初步设计半地下厂房改为地下厂房。

（六）高层决策

1987年2月，国务院批准国家计委《关于审批黄河小浪底水利工程设计任务书的请示》，小浪底工程在国家计委正式立项。

1991年4月，七届全国人大四次会议将小浪底水利枢纽工程列入我国国民经济和社会发展十年规划和第八个五年计划纲要，确定在“八五”期间开工建设。

七届人大四次会议以前，江泽民总书记专程到小浪底坝址视察。李鹏总理到黄河视察，对小浪底工程做了重要指示，赞成工程上马。

1991年4月，水利部于七届全国人大四次会议闭幕后，成立黄河小浪底水利枢纽工程建设准备工作领导小组，全面负责小浪底工程建设准备工作。

9月1日，小浪底工程前期准备工作开工。

（七）利用世界银行贷款，解决工程建设资金不足问题

小浪底工程投资巨大，在当时国家财政状况下，如果完全由财政拨款兴建，资金将难以保证，短期内上马的难度较大。为了促进小浪底工程尽快上马，水利部提出部分利用世界银行贷款，责成黄委会设计院编制了“部分利用世界银行贷款的可行性报告”。

1988年7月，世界银行中蒙局项目官员丹尼尔·古纳拉特南先生

（D. Gunaratnan）（简称古纳）一行4人到小浪底工程坝址调查小浪底工程情况，由此开始了小浪底工程利用世界银行贷款的一系列工作。1989年5月，古纳第三次考察小浪底工程时建议利用世界银行技术合作信贷（TCC）聘请国际咨询公司协助黄委会设计院编制招标文件及工程概算，成立特别咨询专家组审查枢纽设计方案、评估枢纽的安全性。水利部采纳了世界银行的建议。1989年6月，水利部从世界银行提供的有意参加小浪底工程咨询工作的11家国际著名公司中筛选出5家公司进行招标。加拿大国际项目管理公司（简称CIPM）被选为小浪底工程招标设计的咨询公司。1990年5月，国家计委和财政部批准小浪底工程利用世界银行特别技术信贷（TCC）。

1994年2月17日，中华人民共和国有关部门与世界银行在华盛顿就贷款协议和项目进行谈判，2月28日签署会谈纪要。根据协议，世界银行为小浪底工程提供贷款，第一期为4.6亿美元。2月23日，中华人民共和国有关部门与国际开发协会在华盛顿就小浪底工程移民项目贷款进行谈判，2月28日签署会谈纪要。根据协议，国际开发协会为项目提供0.799亿特别提款权信贷（合1.1亿美元）。1997年9月11日，世界银行为小浪底工程提供第二期4.3亿美元贷款协议签字。

利用世界银行贷款不仅解决了建设资金不足问题，亦为引进先进施工设备、施工技术、施工管理技术敞开了大门，为小浪底工程能够在较短时间高质量建成创造了条件。

二、小浪底水利枢纽工程建设历程

（一）概述

小浪底水利枢纽工程1991年9月12日开始进行前期准备工程施工，

1994年9月1日主体工程正式开工，1997年10月28日截流，2000年初第一台机组投产发电，2001年年底主体工程全部完工。取得了工期提前，投资节约，质量优量的好成绩。工程建设可以划分为准备工程施工、国际招标、主体工程施工、尾工四个阶段。

（二）准备工程施工

小浪底工程前期准备工程包括外线公路工程、内线公路工程、黄河公路桥工程、留庄铁路转运站、施工供电工程、施工供水工程、通讯工程、砂石骨料试开采、临时房屋工程、导流洞施工支洞工程、施工区移民安置工程。

为了减少截流前占直线工期的施工项目的压力，节约外资，在进行准备工程施工的同时，进行了右岸主坝防渗墙、导流洞、上中导洞、进水口开挖、出水口开挖等主体工程项目施工。

准备工程施工从1991年9月12日起至1994年4月18日水利部对前期准备工程进行验收为止，历时2年7个月，完成了所有水、电、路、通讯、营地、铁路转运站等准备工作，完成了施工区移民安置及库区移民安置试点工作，完成了招标文件中承诺的右岸主坝防渗墙、导流洞施工支洞、上中导洞、进水口开挖、出水口开挖等主体工程项目应实现的形象。国际承包商进场时称赞，小浪底工程是他们所见到的最好进场条件。准备工程施工期间，基本确立了小浪底工程建设各方之间的关系，尤其是建设单位和设计单位之间的关系，即：小浪底建管局代表国家管理小浪底工程，对进度、质量、安全、投资全面负责；小浪底建管局和设计院是甲乙方合同关系，设计院在设计质量上对小浪底建管局负责，小浪底建管局对工程质量负责。这在当时是基建体制改革的重要举措，为小浪底工程实行业主负责制打下了基础。准备工程施工期间，组建了工程监理单位，比照FIDIC条件的要求开展工作，为主体工程开工后全面进行工程监理积累了经验。

前期准备工程的组织紧扣主体工程进行国际招标的要求展开，时间安排以满足利用世界银行贷款的时间要求为前提；施工项目安排力争多揭示地质条件，提前进行关键线路上的主体工程项目施工，减轻直线工期压力；将人力分成施工和招标两部分，两项工作并行不悖；管理工作比照FIDIC合同条件要求进行。上述一系列工作为主体工程建设顺利实施打下了良好的基础。

（三）国际招标

小浪底工程国际招标分为土建工程招标和机电设备招标两部分。

土建工程招标自1992年7月22日《人民日报》和《中国日报》发布小浪底工程土建工程施工招标资格预审邀请函始，至1994年7月16日，业主（黄河水利水电开发总公司）与一、二、三标承包商签订合同为止，历时两年。

小浪底工程土建标国际招标是利用世界银行贷款的必然结果，其工作程序按照世界银行的采购导则进行，完全有别于国内选择工程施工单位的做法，是在小浪底工程上应用新的建设管理模式迈出的关键一步。

小浪底工程机电设备招标主要是水轮机及附属设备招标。

1994年12月15日发售水轮机询价书。1996年1月10日在北京正式签署商务和技术合同。7月初美国进出口银行向中国国家开发银行正式承诺对小浪底工程水轮机提供出口信贷。

小浪底工程水轮机的国际招标，是一次进口重大设备同利用国外出口信贷相结合的招标，在国内水利水电建设史上是第一次。

（四）主体工程施工

小浪底主体工程包括土建国际标、土建国内标和机电安装标三大部分。

1. 土建国际标施工

小浪底工程土建国际标由大坝标、泄洪排沙系统标和引水发电系统标组成。大坝标由黄河承包商（责任方为意大利英波吉罗公司）施工，泄洪排沙系统由中德意联营体（责任方为德国旭普林公司）施工，引水发电系统标由小浪底联营体（责任方为法国杜美思公司）施工。

（1）大坝标

1994年5月30日工程师发布大坝工程标开工令。1998年3月5日完成混凝土防渗墙；1998年7月16日完成坝基开挖；2000年11月30日全部完工。整个工程历时6年，比合同规定的完工日期2001年12月31日提前13个月。

（2）泄洪排沙系统标

1994年6月30日工程师发布泄洪工程标开工令。1996年8月完成尾水导墙；1997年9月完成导流洞和消力塘；1997年12月完成进口引渠；1999年6月完成排砂洞、明流洞、全部公路和交通洞；2000年12月31日全部完工，工程历时六年半，比合同规定的完工日期2001年6月30日提前6个月。

（3）引水发电系统标

1994年5月30日工程师发布引水发电设施标开工令。1995年1月完成8号交通洞；1998年3月完成主变室和母线洞；1998年10月完成地下厂房；1999年1月完成引水发电洞；1999年7月完成尾水渠和防淤闸；1999年9月完成尾水洞和其他洞室。1999年12月31日现场工作全部结束。工程历时五年半，比合同规定的完工日期2000年7月31日提前7个月。

2. 土建国内标

土建国内标施工项目包括，1—4号灌浆洞及其帷幕灌浆，1—4号排水洞排水孔、泄洪洞出口排水廊道及其排水孔。副坝、开关站、西沟坝、防护堤公路路面硬化，防渗补强灌浆等。土建国内标施工分别按施工计划分期进行，按计划实现了目标。

3. 机电安装标

机电安装标由水电十四局、四局、三局组成的FFT联营体施工。工程从1998年2月15日开发，2000年1月9日首台机组投产，2001年12月最后一台机组投产，2002年3月31日按期完工。工作内容包括小浪底水力发电站及枢纽的全部机电设备安装和有关土建工程及相应的建筑装修工程。

4. 移民安置

小浪底工程库区移民分三期进行。第一期为180米高程以下及受影响的4.6万移民。从1995年开始到1997年6月底完成。第二期为180～265米高程区间及受影响的12.6万移民，从1997年开始到2000年结束。第三期为265～275米高程区间及受影响的1.7万移民，从2000年开始到2003年完成。

一期移民于1997年6月底按计划完成，为按期截流创造了条件。

截流后以及1998年移民安置进度有所拖后，1999年1月5日，水利部、河南省政府、山西省政府在北京召开部省联席会议，布置移民安置工作，解决有关问题。6月30日，215米高程以下移民按计划搬离库区，移民人数4.5万人，为下闸蓄水创造了条件。

2001年底前265米高程以下移民搬迁完毕，使得小浪底工程能够正常发挥拦洪效益。

5. 合同问题处理

截流以后，业主、工程师集中进行了承包商提出的各种索赔的处理。二标形成两个大的合同争议，三标形成一个合同争议。业主与承包商协商，增补合同条款，成立“争议评审团”协调业主与承包商之间的争议。2001年7月各项争议全部协商解决。

（五）尾工

2001、2002年是工程收尾和初期运用阶段。尾工建设的主要内容是施工区，恢复植被、治理水位、硬化场内道路，美化枢纽管理区。

文章来源：中国水利部网站

灏灏之海，楼航以济

——中国船舶工业集团有限公司

一、历史渊源

中国船舶工业集团有限公司源于1950年10月1日成立的中央人民政府重工业部船舶工业局，历经第一机械工业部船舶工业管理局、第三机械工业部第九工业管理局、第六机械工业部、中国船舶工业总公司。1999年7月，经国务院批准，在原中国船舶工业总公司基础上组建中国船舶工业集团公司和中国船舶重工集团公司。2017年年底，公司正式改制为中国船舶工业集团有限公司。

一是船舶工业（管理）局时期（1950.10—1953.1）。1950年10月1日，重工业部船舶工业局成立，1953年1月，船舶工业局划归第一机械工业部，改名为船舶工业管理局，程望、邓存伦先后任局长。

二是第九工业管理局时期（1958.2—1963.8）。1958年2月，第一、二机械工业部合为第一机械工业部，船舶工业管理局改名为第九工业管理局。1960年9月13日，第一机械工业部分为第一、三机械工业部，九局归第三机械工业部领导，12月，第九工业管理局改名为第九工业管理总局。邓存伦、赵启民、边疆先后任局（总局）长。

三是第六机械工业部时期（1963.9—1982.5）。1963年9月17日，第九工业总局从第三工业机械部分出，成立第六机械工业部，方强、边疆、柴树藩、安志文先后任部长。

四是中国船舶工业总公司时期（1982.5—1999.6）。1982年5月4日，中国船舶工业总公司成立，第六机械工业部建制同时撤销，柴树藩任董事长，冯直、胡传治、张寿、王荣生、徐鹏航先后任总经理

五是中国船舶工业集团公司。1999年7月1日，经国务院批准，中国船舶工业集团公司正式成立。

二、辉煌历程

（一）中船集团是中国第一、世界第二的造船集团

作为中央管理的特大型国有企业，中船集团资产总额近3000亿元，用工人数近15万人，拥有40余家二级单位，分布在北京、上海、广东、江苏、江西、安徽、广西、香港等地，拥有中国船舶工业股份有限公司、中船海洋与防务装备股份有限公司、中船科技股份有限公司等上市公司。中船集团在中国香港及美国、俄罗斯、泰国等国家和地区设有驻外机构。2016年、2017年，中船集团连续两年入选《财富》全球500强。

中船集团旗下聚集了一批实力雄厚的造修船企业和船舶配套企业，包括江南造船（集团）有限责任公司、沪东中华（造船）集团有限公司、上海外高桥造船有限公司、上海江南长兴造船有限公司、广船国际有限公司、中船黄埔文冲船舶有限公司等，还拥有中国船舶及海洋工程设计研究院、上海船舶研究设计院、广州船舶与海洋工程设计研究院3家船舶研究设计机构，以及中船第九设计研究院工程有限公司等知名工程咨询、设计、总包单位。

中船集团能够设计、建造符合世界上任何一家船级社规范、满足国

际通用技术标准和安全公约要求、适航于任一海区的现代船舶，以及具有国际先进水平的大型海洋工程装备产品。中船集团是我国海军装备建设的骨干力量，是中国第一、世界第二造船集团。近年来，中船集团紧紧围绕党中央的战略部署，在业务发展上形成了以军工为核心，聚焦民船主业，统筹推进非船装备和现代服务业均衡协调发展的产业格局，建立起了从研发设计、总装建造、船舶配套到售后服务的较为完备的产业体系；能够研制包括水面主战舰艇、潜艇、两栖战舰艇等在内的各类军用舰船，以及油船、散货船、集装箱船、LNG船、LPG船、滚装船、大型半潜船、化学品船、成品油船、极地甲板运输船和远洋科考船等各类远洋运输船舶和超深水半潜式钻井平台、自升式钻井平台、大型浮式生产储卸油装置（FPSO）、钻井船、多缆物探船、深水工程勘察船、海底铺管船等海洋工程装备，产品出口到150多个国家和地区。

（二）“军工报国、科技报国、实业报国，筑就海上长城”是我们的初心与使命

一是积极履行强军首责，切实担负起军工报国使命。中船集团自成立以来，将高质量完成军工任务摆在各项工作首位，不断推进军工体制改革，强化服务国防理念，承担了新型导弹驱逐舰、导弹护卫舰、导弹快艇、常规动力潜艇、综合登陆舰、电器武器系统和关键电子设备等一大批军工科研生产任务。中船集团积极应对时间紧、任务重、协作单位多等挑战，整合各方资源，充分发挥中船集团公司团结协作、攻坚克难的传统，将最强的力量、最好的资源用在军工科研和生产上，实现重点军工任务决战决胜，确保了部队战备、执勤、训练的急需，为我国建设世界一流军队提供坚强的装备保障和技术支撑。2018年4月12日，中央军委在南海海域隆重举行的海上阅兵，48艘舰艇、76架战机、万余官兵

参加受阅，这是新中国历史上规模空前的海上阅兵，其中参加南海海上阅兵的48艘战舰中，大部分由中船集团研制。2019年4月23日，是中国人民解放军海军成立70周年纪念日，海上阅兵在青岛及其附近海空域隆重举行，在人民海军此次受阅的32艘舰艇中，大部分由中国船舶工业集团有限公司研制。此外，在亚丁湾、索马里护航任务中，中船集团建造的导弹驱逐舰、导弹护卫舰、综合登陆舰和综合补给舰的舰船质量性能经受住严峻考验，受到部队官兵高度评价。

二是勇摘造船工业皇冠上的三颗明珠，切实担负起科技报国、实业报国使命。中船集团剑指高端，接连突破高技术、高附加值船舶技术壁垒，在以大型LNG船、万箱以上级集装箱船、大型邮轮等为代表的高技术难度、高附加值船舶领域迅速形成能力，打破了国外垄断。一是“十年磨一剑”，于2008年造出了我国首艘14.7万立方米大型LNG船，不仅成功摘下了这颗被誉为世界造船“皇冠上的明珠”，而且实现了批量建造，并在2011年年初实现了中国自主研发LNG船出口“零”的突破。二是建造万箱级以上超大型集装箱船，使中国成为全球少数几个能够自主研发建造万箱以上级超大型集装箱船的国家，极大地提高了中国在世界造船业中的地位。交付全球最大、国内首艘21000TEU集装箱船“中远海运宇宙”号。三是设计建造我国目前唯一尚未攻克的高技术船舶产品、被誉为“皇冠上的明珠”——大型邮轮，2018年11月6日，在国务院国资委举办的中央企业国际合作论坛上，中国船舶工业集团有限公司与美国嘉年华集团、意大利芬坎蒂尼集团正式签订2+4艘13.5万总吨Vista级大型邮轮建造合同，并举行了中船集团大型邮轮项目工程正式启动仪式，这是我国首次签订真正意义上的大型邮轮建造合同，标志着中国首艘具有世界先进水平的大型邮轮开始实质性的设计建造。

此外，中船集团切入热点，全力开拓海工市场，提高海工装备自主研发和系统集成能力，努力突破关键技术和重点装备，以点带面形成产品系列，在海洋工程装备建造领域接连取得突破，为做强转型奠定了坚实基础。中船自主建造了世界最先进的第六代3000米深水半潜式钻井平台"海洋石油981"号、亚洲首艘新一代12缆物探船"海洋石油720号"、全球首艘集钻井、水上工程、勘探功能于一体的3000米深海勘察船"海洋石油708"号等一系列重点海工装备，对实现国家能源战略、维护国家海洋权益提供了重要装备支撑。

三、未来展望

2018年9月20日，中国船舶工业集团有限公司召开第一次战略工作会，正式发布《中国船舶工业集团有限公司高质量发展战略纲要（2018—2050）》（以下简称《战略纲要》）。《战略纲要》包括"总体战略""管控模式""重点产业""保障措施"和"战略落地"五部分内容。《战略纲要》提出：中船集团的发展使命是"服务国家战略，支撑国防建设，引领行业发展"，发展愿景是"全面建成世界领先的海洋科技工业集团"，产业方向是"海洋防务装备产业、船舶海工装备产业、海洋科技创新应用产业、船舶海工服务业"，战略目标是"通过'四步走'，到2035年建成具有全球竞争力的世界一流海洋科技工业集团，到2050年全面建成世界领先的海洋科技工业集团"。

中国船舶工业集团有限公司供稿

出版后记

值此“十四五”规划启动的重要历史性窗口期，为促进新发展格局、讲好中国故事，积极服务国家“十四五”规划的编制工作，国家发展和改革委员会中国经贸导刊杂志社通过对十三个五年规划（计划）起草工作的参与者、建设过程的亲历者以及规划领域的研究专家进行访谈，汇编而成《大棋局》一书。相信本书的出版，对于研究经济发展规律、编制“十四五”规划具有重要意义。

本书从选题到组稿，得到了国家发展改革委规划司的大力支持与专业指导，尤其是周南副司长的悉心教正，对此谨致以特别的感谢。还需要特别感谢的是，曾经从事、领导规划编制工作并支持本书采编的杨伟民、范恒山等领导同志，以及热心襄赞本书出版的山东天鹅棉业机械股份有限公司。最后，一并感谢杂志社同仁和中华工商联合出版社等专业人士的辛勤付出。

编者

2020年9月28日